Antidesperdício Conscencial

Escolhas Evolutivas na *Era da Fartura*

Eliana Manfroi

Antidesperdício Conscienciencial

Escolhas Evolutivas na *Era da Fartura*

EDITARES®

Foz do Iguaçu
2017

1ª Edição (2017) – Tiragem regular de 1000 exemplares.

Capa: Valesca Ferreira

Revisão: Cathia Caporálli, Ivone Cubarenco, Erotides Louly, Liege Trentin, Milena Mascarenhas, Miriam Kunz, Ninarosa Manfroi, Roseli Oliveira, Sandro Batistella e Tatiana Lopes.

Diagramação: Epígrafe Editorial.

Impressão: Edelbra Editora e Gráfica Ltda.

Dados Internacionais de Catalogação na Publicação (CIP)

M276a Manfroi, Eliana

Antidesperdício consciencial : escolhas evolutivas na Era da Fartura. / Eliana Manfroi ; [Prefácio de Mabel Teles] -- Foz do Iguaçu : Editares, 2017.

230 p.

Inclui bibliografia.

ISBN 978-85-8477-085-4

1. Conscienciologia. 2. Autodiscernimentologia. 3. Autoproexologia.

I. Título.

CDD 133

Tatiana Lopes CRB 9/1524

EDITARES®

Associação Internacional Editares

Av. Felipe Wandscheer, 6.200, sala 107, Cognópolis
Foz do Iguaçu, PR – Brasil – CEP: 85856-530
Tel/Fax: +55 45 2102 1407

E-mail: editares@editares.org *Website:* www.editares.org.br

Dedicatória

Dedico este livro ao meu neto, Tommaso Vidor Signori, e a todas as consciências que estão renascendo nestas primeiras décadas do Século XXI, com votos para obterem pleno aproveitamento da mais contundente *Era da Fartura* de aportes evolutivos da História da Humanidade.

Agradecimentos

A gratidão e a memória andam de mãos dadas, daí a importância em registrar o reconhecimento profundo a estas consciências que representam aportes inestimáveis em minha vida atual:

Ao Professor Waldo Vieira *(in memoriam),* o Zéfiro, pelo exemplarismo máximo de antisdesperdício consciencial.

À Mabel Teles, pelo mimo mentalsomático em forma de prefácio.

À Valesca Ferreira, pelo talento assistencial em traduzir na capa a essência da obra.

Aos parecceristas e revisores deste livro, Milena Mascarenhas, Miriam Kunz, Ninarosa Manfroi, Roseli Oliveira, Sandro Batistella, Tatiana Lopes, Liege Trentin, Cathia Caporálli, Ivone Cubarenco e Erotides Louly, minha gratidão intelectual pela generosidade ao dedicarem seu valioso tempo e conhecimento na qualificação deste material.

Ao editor Guilherme Kunz, à equipe da Editares e à equipe da Epígrafe pela assistência mais importante prestada a uma consciência: o auxílio na materialização do livro pessoal esclarecedor.

Ao Fernando Barbaresco, duplista, amigo raríssimo e parceiro afetivo, minha gratidão por tudo.

Aos meus pais Ricardo Manfroi *(in memoriam)* e Maria Lourdes Maschio Manfroi, e aos meus irmãos Isabel Cristina Manfroi e Paulo Ricardo Manfroi *(in memoriam),* por terem me recebido nesta vida com tanto carinho e proporcionado tantas oportunidades de estudo e incentivo à escrita.

Ao Pedro Manfroi Signori, meu filho e amigo evolutivo de muitas vidas. Você é a prova de que não desperdicei o essencial.

Eliana Manfroi

Sumário

SEÇÃO III
ANTIDESPERDICIOLOGIA

Prefácio

Garras Autorais

Sabedoria. *Saber viver produtivamente* é desafio imposto a todo ser humano lúcido. *Saber viver produtivamente* em plena *Era da Fartura,* ou seja, em tempos onde há excesso de oportunidades, estímulos, interatividade, entretenimento e facilidades da vida moderna, é, paradoxalmente, ainda mais instigante, se considerarmos os desperdícios onipresentes na Sociedade Moderna.

Questionamentos. Questões críticas se impõem neste contexto. Como utilizar evolutivamente os variegados recursos da contemporaneidade? Como evitar o esbanjamento de tempo, energias e atributos conscienciais em modismos dispensáveis, que não param de crescer? O que se deve descartar em meio à fartura de possibilidades do Século XXI, de modo a se alcançar existência profícua do ponto de vista evolutivo? Como aplicar os aportes recebidos na atual vida humana, evitando o desperdício consciencial, em busca do compléxis?

Embasamento. Estes questionamentos embasam e norteiam o livro que o leitor ou leitora tem em mãos, funcionando tal qual câmara de reflexão e alerta evolutivo a todas as conscins, em especial, as comprometidas em fazer da presente existência empreendimento proexológico exitoso e interassistencial.

Relevância. Tal desiderato faz do livro *Antidesperdício Consciencial – Escolhas Evolutivas na Era da Fartura* obra de alta relevância e prioridade, aos moldes de antídoto ou profilaxia aos desviacionismos, em geral, ao apontar, realisticamente, não só os detalhes da patologia em si, mas principalmente caminhos e técnicas acuradas com vistas às autossuperações.

Hipótese. A pesquisadora, jornalista e psicóloga Eliana Manfroi parte da hipótese de que entre os megadesperdícios da contemporaneidade destaca-se a condição do autodesperdício, ou seja, o ato de o indivíduo perdulário desperdiçar a si mesmo, negligenciando os aportes existenciais, traf*o*res e recursos evolutivos. Entre os possíveis efeitos de tal escolha encontram-se a vivência da *síndrome da autobanalização consciencial*, da *mediocridade evolutiva*, da *Marasmologia*, entre outros, acarretando, em certas condições, o vazio existencial, e, mais adiante, o incompléxis.

Desperdiciologia. Diante dessa premissa, a autora apresenta exemplarmente os meandros, a abrangência e os efeitos nefastos da temática *Desperdiciologia*, a partir de enfoque interdisciplinar, recheado de casuísticas apuradas capazes de ilustrar, de modo prático e factual, a patologia analisada.

Terapeuticologia. Na abordagem terapêutica do tema, a autora elenca posturas, diretrizes e técnicas passíveis de serem aplicadas por qualquer pessoa interessada em qualificar as escolhas pessoais. No bojo de tais propostas, o leitor atilado vai se deparar com o exemplarismo esclarecedor de Eliana Manfroi, primeira *conscin-cobaia confessa* do presente compêndio, embora não estarmos diante de livro autobiográfico.

Conformática. Do ponto de vista da Estilística, merece destaque a destreza e a tecnicidade da autora em empregar, de modo oportuno, distintos recursos de linguagem, imprimindo não só leveza e fluidez à conformática do texto, mas acima de tudo, qualificando o esclarecimento almejado, com um *toque pessoal*. Tal realidade nos faz inferir a hipótese de estarmos diante de *consciência erada* na seara grafopensênica, mostrando com muita propriedade, neste primeiro livro conscienciológico publicado, as *garras autorais*.

Recomendação. *Antidesperdício Consciencial* é indicado aos indivíduos dispostos em burilar as escolhas pessoais, a partir do empenho sincero em aprimorar o autodiscernimento prático, sem apelos a subterfúgios inescrupulosos e mecanismos de defesa do ego estagnadores. *O que não é bom, não presta mesmo!*

Mabel Teles

Cognópolis, Foz do Iguaçu, 11 de fevereiro de 2017.

Introdução

Escolhas. Nenhuma conscin leitora deve esquecer que os **livros** imortalizam sabedorias e também imensas tolices, exigindo escolhas atentas.[1]

Contexto. Jamais desfrutamos, em toda série de vidas humanas pretéritas, ao longo dos milênios, de tantas oportunidades e aportes convergentes à aceleração da própria evolução. Em tempo algum, como neste início de Século XXI, recebemos tantos recursos e convites inadiáveis ao processo de melhoria pessoal e, consequentemente, coletiva. Todavia, o fato paradoxal consiste de, em plena vigência da *Era das Oportunidades,* viver-se também a *Era do Desperdício.*

Megadesperdícios. O excesso de recursos disponíveis para percentual significativo da Humanidade tem estimulado processo antípoda à hiperssuficiência de meios de vida: os megadesperdícios da contemporaneidade.

Tese. O principal deles, na pesquisa realizada pela autora e constituindo tese prioritária deste livro, é o do autodesperdício. A consciência desperdiçando a si mesma em meio à fartura de todo tipo de benesses evolutivas. O mais relevante dos aportes, ainda sob a perspectiva desta obra, é o fato de sermos contemporâneos, e alguns também protagonistas, da Neociência Conscienciologia.

---

1 **Vieira;** Waldo. ***Léxico de Ortopensatas;*** Foz do Iguaçu, PR; *EDITARES;* 2014; p. 616.

Posicionamento. Portanto, este livro aborda o tema do antidesperdício consciencial sob o enfoque deste novo paradigma, o da Conscienciologia, Neociência proposta pelo pesquisador, médico e escritor brasileiro Waldo Vieira (1932–2015).

Complexidade. A Interdisciplinologia é valorizada neste estudo, contudo as abordagens da Psicologia, da Sociologia, da Antrolopologia, entre outras importantes Ciências, não abarcam, ainda, a consciência com a mesma complexidade e amplitude do Paradigma Consciencial.

Modelo. O Paradigma da Conscienciologia explicita a realidade da consciência inteira, enquanto princípio autolúcido em crescente aperfeiçoamento. Por meio de contínuas existências, em dimensões diferenciadas, em sucessivas personalidades humanas e vivendo experiências singulares, cada consciência constrói a própria trajetória evolutiva. Adquirir maturidade plena, autodiscernimento e tornar-se cada vez mais útil à evolução de outras consciências, são objetivos essenciais desse percurso existencial que já dura incontáveis milênios e não se vislumbra, até o momento, quando vai terminar.

Desorientação. Na *Era da Fartura,* o excesso de estímulos e possibilidades tem levado mais à desorientação e menos ao aproveitamento lúcido das oportunidades. Todavia, só tem sentido estudar um problema se for para encontrar as soluções.

Desafios. *Aproveitar as oportunidades. Valorizar os recebimentos. Priorizar o bem de todos. Escolher o essencial. Abrir mão do supérfluo. Decidir com lucidez.* Como atender a todas essas demandas no momento em que grande parte da Humanidade está confusa e sem rumo quanto às próprias escolhas evolutivas?

Alerta. Pensar nesses desafios e refletir sobre a pertinência de lucidez e maturidade para reconhecer, valorizar e priorizar tais aspectos, já nas primeiras decisões existenciais, torna-se inadiável.

Autora. Ao escrever este texto, a proposta da autora é lembrar a você, leitor ou leitora, de todas as faixas etárias, tal compromisso com a autoevolução, assim como gostaria de ter encontrado aviso similar no início da própria vida adulta. *Quem avisa, amigo é.*

Autovivência. O interesse em estudar e escrever sobre o tema do antidesperdício consciencial tem origem na história pessoal. Ao refletir sobre os recebimentos pró-evolutivos desde a infância e o senso íntimo de a vida atual ser a oportunidade de *virada evolutiva,* se comparada às existências passadas, a conclusão da autora é a de ter desperdiçado importante percentual de oportunidades, companhias evolutivas e talentos pessoais. Daí a responsabilidade de compartilhar as reflexões e experiências sobre a temática com outras consciências.

Autobiográfico. Embora não se configure em obra autobiográfica, as vivências da autora com a temática do antidesperdício consciencial são transversais às abordagens e ideias propostas. A síntese das pesquisas, reflexões e técnicas desenvolvidas para reverter o próprio quadro de autodesperdício são compartilhadas com os leitores ou leitoras, acrescidas pelas contribuições de outros pesquisadores e pensadores da consciência, referenciados na Bibliografia.

Antivitimização. Está distante dos objetivos deste livro estimular a própria vitimização e autoculpa aos leitores ou leitoras. A meta é realizar um alerta e propor a necessária autorreflexão, autoavaliação e as técnicas profiláticas e terapêuticas a serem aplicadas no autoenfrentamento da *Síndrome do Autodesperdício,* muitas delas utilizadas pela autora.

Ciclo. Ainda assim, o texto não é somente indicado às consciências jovens, diante das primeiras escolhas de vida, mas para todas as pessoas que estão perante o desafio da autoevolução e das reciclagens pessoais, em qualquer etapa do ciclo vital.

Público. Ao modo de *manual de primeiros socorros* do antidesperdício consciencial, o livro é dedicado aos intermissivistas e a todas as consciências determinadas em avançar qualitativamente em relação à autoevolução. A autora pretende ser leitora atenta das ideias aqui contidas, em futura existência.

Intermissão. Os intermissivistas são as consciências renascidas neste planeta que tiveram a oportunidade de estudar e planejar a atual existência, com apoio de técnicos em evolução, para obter o melhor aproveitamento possível da nova oportunidade de viver. Em síntese, são aquelas que se prepararam mais para ajudar a Humanidade, devido aos traços pessoais e à bagagem de experiências de outras vidas. A essas consciências é dedicado este livro, ao modo de *Manual do Intermissivista.*

Manual. O *Manual do Intermissivista* é um conjunto de técnicas, procedimentos, recursos, diretrizes, posturas e evitações otimizadoras do completismo existencial, utilizadas pela consciência intrafísica egressa de curso pré-ressomático, ao modo de *vade-mécum* do projeto de vida pessoal (V. **Manfroi,** Eliana; ***Manual do Intermissivista;*** verbete; In: **Vieira,** Waldo; Org.; ***Enciclopédia da Conscienciologia;*** verbete apresentado no *Tertuliarium / CEAEC,* Foz do Iguaçu, PR, em: 09.10.2015) [2].

Caderno. Recomenda-se ao leitor e leitora manter sempre à mão, durante a leitura deste livro, caderno de autopesquisa para realizar anotações decorrentes dos autodiagnósticos, autorreflexões e técnicas sugeridas.

Estrutura. O livro está organizado em 3 seções, todas especialidades da Conscienciologia, nas quais estão distribuídos 21 capítulos. Cada neocapítulo inicia por um aforismo, pensata ou máxima pertinente à temática, do também exímio lexicólogo Waldo Vieira. As parêmias citadas neste livro estão no livro *Léxico de Ortopensatas,* publicado em 2014 pelo autor.

Frases. Ao final de cada capítulo, o leitor e leitora pouco familiarizados com as publicações conscienciológicas, encontrarão a *síntese conteudística* do mesmo, por meio de técnica, também proposta por Vieira, denominada *Frase Enfática.*

Excessos. Na primeira seção – ***Farturologia*** (a Ciência da fartura), o leitor ou leitora, vai encontrar os argumentos relativos ao fato de a atual situação de abastança da contemporaneidade, nunca antes vivenciada, poder

---

2 Os verbetes da *Enciclopédia da Conscienciologia* apresentados no *Tertuliarium* do *Centro de Altos Estudos da Conscienciologia* (CEAEC), em Foz do Iguaçu, Paraná, Brasil, até então não publicados em versão impressa ou eletrônica (Data-base: fevereiro de 2017), serão referenciados dessa maneira ao longo do livro e poderão ser acessados na íntegra pelo *site:-* <www.tertuliaconscienciologia.org>.

gerar o *paradoxo excesso de oportunidades–risco de desperdício*. São também apresentadas as concepções conscienciológicas sobre programação existencial e aportes existenciais, na condição de janelas de oportunidades, e a responsabilidade daí decorrente em retribuir tais recebimentos.

Senso. Ainda na primeira parte do livro, é discutido o *senso de utilidade evolutiva* manifestado por muitas consciências, notadamente as intermissivistas que se prepararam tecnicamente para a atual existência no denominado *período intermissivo* (intervalo entre uma vida e outra na dimensão intrafísica). Também é proposta a *técnica da autoauditoria existencial* e a *técnica da desambição,* aplicadas pela autora.

Criticidade. Fechando a seção I, fica a proposição argumentativa sobre a atual existência humana ser de natureza hipercrítica, ou seja, poder representar a clivagem, o *divisor de águas* quanto à evolução pessoal.

Patologias. Na segunda seção – ***Desperdiciologia*** (a Ciência dos desperdícios), são apresentados fatos e argumentos sustentadores de também se viver, concomitantemente à fartura, com a *Era do Desperdício*. Daí decorrem patologias do excesso e síndromes autodesperdiçadoras. Exemplo do efeito de tais transtornos é a vivência epidêmica do chamado *vazio existencial,* temática aprofundada em capítulo de mesmo título. Visando auxiliar o leitor ou leitora nas autorreflexões, são apresentados alguns tipos de autodesperdícios, considerando suas consequências estagnadoras e o ônus à evolução pessoal.

Antidesperdício. A terceira e última parte do texto – ***Antidesperdiciologia*** (a Ciência da terapêutica e profilaxia dos desperdícios), traz argumentos sustentadores da hipótese de se viver, neste Século XXI, ainda que paradoxalmente, a *Era da Lucidez,* mesmo em meio a tanta desorientação e ausência de discernimento.

Superação. São também propostas técnicas de prevenção e superação do autoperdularismo, ampliadas por análises complementares, tais como a evitação da auto-obsolescência, a necessidade de audácia evolutiva, porém prudente, e o preço a ser pago pela ousadia de ser *diferente* perante o fluxo alienante da Sociedade Intrafísica Patológica.

Legadologia. Fechando a última seção, o ideário proposto é pertinente às escolhas prioritárias e ao legado existencial de valor evolutivo que cada leitor ou leitora deixará a si mesmo, para as futuras vidas neste planeta.

Anexos. A inserção de verbete publicado pela autora na *Enciclopédia da Conscienciologia,*[3] com temática diretamente ligada à essência desta obra, fica na condição de sugestão de leitura complementar.

Descrenciologia. Convida-se, enfaticamente, o leitor e a leitora, a relerem a pensata de Vieira que abre esta introdução e manterem, durante toda a leitura da obra, o senso crítico e o discernimento perante as ideias apresentadas. Na Conscienciologia, um preceito fundamental é o ***princípio da descrença,*** sendo basilar a todas as abordagens desta Neociência: ***Não acredite em nada, nem mesmo nas informações apresentadas neste livro. Faça suas pesquisas e tenhas as próprias experiências sobre o tema.*** Solicita-se que você não acredite em nada do que estiver escrito nesta obra: pondere, analise, reflita e tire as próprias conclusões por meio das vivências pessoais. Espera-se, sinceramente, ao final da sua leitura, que seu valioso tempo não tenha sido desperdiçado.

A autora

Cognópolis Foz do Iguaçu, fevereiro de 2017

E-mail: elianamanfroi@gmail.com

---

3 A *Enciclopédia da Conscienciologia* é uma obra coletiva que vem sendo erigida por centenas de co-autores, pesquisadores da Conscienciologia, sob a coordenação de Waldo Vieira até 2015. Depois dessa data, a *Associação Internacional de Enciclopediologia Conscienciológica* (ENCYCLOSSAPIENS) vem coordenando a produção da Enciclopédia.

SEÇÃO I
FARTUROLOGIA

1. *Era da Fartura*

Realizações. Por maior que seja o realizado no passado, é menor se comparado às capacidades de **realização de hoje,** principalmente considerando a atual *Era da Farturologia e Tecnologia.*[4]

Definição. A *Era da Fartura* é a época histórica ou o período de tempo hipoteticamente iniciado a partir da segunda metade do Século XX, caracterizado pela abastança de recursos, aportes, achegas, bens e subsídios de toda ordem, disponíveis à população humana.

Sinonímia: 1. *Era da Abastança.* 2. *Era da Prosperidade.* 3. Época da fartura. 4. *Ciclo da fartura.*

Antonímia: 1. *Era da Escassez.* 2. *Era da Indigência.* 3. *Ciclo da pobreza.* 4. *Idade da Penúria.* 5. *Era do Desperdício.*

Pós-Guerra. Com o fim da Segunda Guerra Mundial, em 1945, inicia-se período de otimismo nos países vencedores do confronto e a retomada do crescimento da economia mundial, com a produção em larga escala de bens materiais acessíveis. Apenas nos Estados Unidos, no pós-guerra, nasceram milhões de pessoas na explosão populacional conhecida por *geração baby boomer.*

4 **Vieira,** Waldo; ***Léxico de Ortopensatas;*** Foz do Iguaçu, PR; *EDITARES;* 2014; p. 1.423.

Milênio. No final do Século XX, com a proximidade do terceiro milênio, o Planeta está superpovoado e a *indústria da abastança* alimenta uma nova geração de consumidores vorazes.

Fartura. Nessa segunda década do Século XXI, vive-se a *Era da Fartura* de oportunidades e aportes, tanto materiais quanto intelectuais, ainda que distribuídos de modo desigual na Humanidade. Nunca antes na História, os seres humanos tiveram tamanha abastança de meios para mudarem, para melhor, a si mesmos e a Sociedade.

Acumulação. Os imensos avanços tecnológicos, embora coadjutores, não têm resolvido a questão civilizatória crítica da evolução consciencial. A maturescência da consciência e dos aspectos éticos e cosmoéticos implicados no mecanismo evolutivo planetário não tem acompanhado a tecnologia de ponta. Acumula-se gigantesco conhecimento científico, técnico, intrafísico, intelectual, mas a contrapartida da melhoria intraconsciencial e da expansão da convivialidade fraterna para todo orbe, até o momento, ainda não chegou.

Novidade. Ao lançar olhar atento ao processo civilizatório multimilenar, toda essa fartura é um fato recente na História.

Liberdade. Períodos de escassez extrema de recursos de todos os tipos, a exemplo de alimentos, saúde, segurança, energia, paz e, principalmente, de liberdade de expressão, permearam a maior parte da trajetória humana no Planeta. Houve períodos do processo civilizatório, a exemplo das guerras, nos quais comer uma vez ao dia era considerado privilégio e ter a segunda peça de roupa para vestir, quase um luxo. Há pouco mais de 4 séculos, saber ler e escrever eram habilidades de poucos privilegiados, geralmente do clero, da nobreza e da aristrocracia intelectualizada (V. **Fischer,** Steven; ***História da Leitura;*** São Paulo, SP; *Editora UNESP;* 2006, p. 206).

Saúde. Ainda que os avanços na qualidade da vida atual possam parecer banais, tais melhorias, como a "simples" água potável canalizada até as residências, garantiram a saúde ao evitar doenças infecciosas devastadoras. Beber água sem a preocupação de morrer de cólera 48 horas depois é, com certeza, um alívio. Há pouco mais de quatro mil anos, procurar alimento e segurança ocupava a quase totalidade do tempo e da energia da curta vida dos nossos longínquos ancestrais.

Iluminação. Outro exemplo básico das restrições no passado, a ausência de luz artificial, por muitos séculos, dificultou enormemente o trabalho intelectual e manual. Nos meses de inverno, o sol se punha em torno das 17 horas, seguindo-se pelo menos 15 horas de escuridão até o retorno da luz matinal. As velas eram insuficientes para iluminar os ambientes e permitir a leitura, a escrita ou outra atividade produtiva (V. **Johnson,** Steven; ***Como Chegamos até aqui: A História das Inovações que Fizeram a Vida Moderna Possível;*** Rio de Janeiro, RJ; *Zahar;* 2015; p. 165 e 166).

Custo. O preço pago pela energia, atualmente, é muito menor do que no início do Século XIX, por exemplo, quando o custo de uma vela de sebo equivalia a 6 horas de trabalho. Na Inglaterra, a iluminação artificial por volta do ano 1300 era 20 mil vezes mais cara do que na atualidade (V. **Diamandis,** Peter; & **Kotler,** Steven; ***Abundância: O Futuro é Melhor do que Você Imagina;*** São Paulo, SP; *HSM Editora;* 2012, páginas 58 e 59).

Informação. Os livros, por exemplo, eram tão raros e caros na Idade Média (Séculos V a XV) que o roubo de um deles poderia levar o contraventor a ser punido com a pena capital. Seria possível passar uma vida inteira no medievo sem colocar os olhos em uma única obra escrita. Torna-se dispensável argumentar sobre a profusão de livros na *Farturolândia* editorial contemporânea.

Bibliotecas. No Século XIV, cerca de 200 livros escolares estavam em circulação em toda cidade de Paris, França (V. **Fischer,** Steven; ***História da Leitura;*** São Paulo, SP; *Editora UNESP;* 2006, p. 74). Como não seria a situação em outras cidades da Europa, onde a produção editorial era ainda menor? Provavelmente, muito pior.

Conhecimento. Ao ponderar que o conhecimento materializado em forma de livros é também recente e nunca antes foi tão farto, percebe-se a importância do aproveitamento útil do acesso à cognição avançada.

História. O historiador inglês especialista em livros, Martyn Lyons (1946–) analisa o tempo de existência da comunicação textual na História Humana, ao propor analogia com os 12 meses do calendário de um único ano. O início da escrita, na Suméria, corresponderia ao primeiro dia de janeiro, sendo o códice (textos em formato de livro como conhecemos hoje) inventado no mês de setembro desse hipotético ano. Já Johannes Gutenberg (1398–1468), teria feito a primeira impressão no final do mês de novembro. A *Internet* apareceria ao meio-dia do dia 31 de dezembro e os *e-books,* no início da noite do último dia do ano. Lyons afirma que vivemos a primeira *Sociedade da Informação* da História (V. **Lyons,** Martyn; ***Livro: Uma História Viva;*** São Paulo, SP: *Editora SENAC;* 2011, p. 11).

Velocidade. O escritor brasileiro Gabriel Perissé (1962–) propõe, de maneira criativa, no prefácio do livro *Como Educar sua Mente* (apud Bauer, 2015, p. 11), que estamos em plena "Idade Mídia", com a velocidade vertiginosa de informações e o risco de dispersão pelo excesso (V. **Bauer,** Susan Wise; ***Como Educar sua Mente: o Guia para Ler e Entender os Grandes Autores;*** pref. Gabriel Perissé; São Paulo, SP: *É Realizações;* 2015, p. 11).

Supercomunicação. O volume de informações é talvez uma das principais características da atual *Era da Fartura.* Provavelmente uma única edição de um grande jornal, a exemplo do *New York Times,* contenha mais informação do que uma única pessoa comum teria recebido durante toda vida na Inglaterra do Século XVII (V. **Veja; *A Angústia do Excesso de Informação;*** Revista; São Paulo, SP: *Editora Abril;* 05.09.2001; p. 62 a 66).

Informação. Diamandis e Kotler (2012) revelam que, até o ano de 2003, a humanidade havia criado 5 *exabytes* de informações digitais (1 *exabyte* equivale a 1 bilhão de *gigabytes*). Contudo, em 2010 a espécie humana já produzia 5 *exabytes* de informações a cada 2 dias. Em 2013, a estimativa era de geração, desta mesma quantidade de *exabytes,* a cada 10 minutos (V. **Diamandis,** Peter; & **Kotler,** Steven; ***Abundância: O Futuro é Melhor do que Você Imagina;*** São Paulo, SP; *HSM Editora;* 2012, página 51).

Dispersão. Se, por um lado, a fartura de informações facilita o acesso ao conhecimento, pode, paradoxalmente, criar a pobreza de atenção, a armadilha da dispersão e a ausência de foco, antessalas do autodesperdício.

População. No final do Século XVII, a população mundial foi estimada em 600 milhões de habitantes. Pouco mais de 2 séculos depois, em 1950, no Pós-Guerra, a população mundial já alcançava 2,5 bilhões de consciências ressomadas. Em apenas 65 anos, esse número saltou para 7 bilhões (2015).

Demografia. O Relatório da ONU, *World Populations Prospects: The 2015 Revision,* indica a possibilidade de, em 2050, a Terra possuir 9,7 bilhões de habitantes. Para o ano de 2100, o mesmo relatório estima 11 bilhões de seres humanos no planeta (V. ***United Nations,*** *Department of Economic and Social Affairs, Population Division (2015). World Population Prospects: The 2015 Revision, New York,* 2015; p. 1).

Desafio. Garantir, para quase 10 bilhões de pessoas, na metade do Século XXI, água limpa, alimentação saudável, moradia, educação de qualidade, cuidados em saúde e energias renováveis não poluentes, é o desafio intrafísico.

Megadesafio. Contudo o megadesafio multidimensional será garantir à população extrafísica, de hipoteticamente pelo menos outras 60 bilhões de consciências, o direito e acesso à evolução. Chega-se ao número de 60 bilhões pela estimativa de Vieira (2007) de haver 9 consciências extrafísicas para cada consciência intrafísica (V. **Vieira,** Waldo; ***Homo sapiens pacificus;*** Foz do Iguaçu, PR: *Associação Internacional de Altos Estudos da Conscienciologia (CEAEC); & Associação Internacional Editares;* 2007; p. 946).

Cérebros. O sociólogo italiano Domenico de Masi (1938–) lembra que quando se fala de explosão demográfica, a primeira ideia é pensar em bocas para alimentar, sem lembrar que a cada boca corresponde um cérebro. Para ele, 7 bilhões de cérebros que acordam todas as manhãs e começam a pensar, "representam a mais volumosa massa cerebral jamais vista no Planeta, capaz de criar grandes problemas, mas ainda mais capaz de encontrar grandes soluções" (V. **Masi,** Domenico de; ***O Futuro Chegou: Modelos de Vida para uma Sociedade Desorientada;*** Rio de Janeiro, RJ: *Quitanda Cultural & Casa da Palavra;* 2014; p. 364).

Longevidade. É ainda Masi (2014) que compila o crescendo da expectativa média de vida da Humanidade ao longo da História: 29 anos na época dos Neanderthais; 36 anos na Atenas de Péricles; 45 anos no período de Napoleão; 47 anos em 1900, e 80 anos em 2000.

Fatuística. O fato é que mesmo com a miséria e fome assolando populações inteiras, a grande maioria da Humanidade está mais bem alimentada, abrigada, protegida contra doenças e tem mais chance de viver até a velhice do que seus ancestrais.

Disponibilidade. Nos últimos 200 anos, a disponibilidade de quase tudo que uma pessoa poderia desejar vem aumentando, incluindo: anos de expectativa de vida, horas de privacidade, meios de viajar mais rápido, meios de se comunicar e oportunidades de todo tipo. Diamandis e Kotler (2012) avaliam que, mesmo admitindo as centenas de milhões que ainda vivem na privação, a atual geração de seres humanos tem acesso a mais calorias, *watts,* lumens-hora, metros quadrados, *gigabytes*, distâncias percorridas em menos tempo e recursos financeiros, do que qualquer geração anterior (V. **Diamandis,** Peter; & **Kotler,** Steven; ***Abundância: O Futuro é Melhor do que Você Imagina;*** São Paulo, SP; *HSM Editora;* 2012, página 60).

Indicador. Na atualidade, estamos mais longevos e produtivos. Entre as consequências da melhoria das condições da existência intrafísica encontra-se o aumento da longevidade, notadamente do Século XX em diante. Trata-se de indicador da atual fartura de anos a mais de vida produtiva que pode ser dedicada à evolução.

Renascimentos. Ao longo dos muitos renascimentos, no percurso histórico humano, havia raras chances de alcançar a longevidade, a maturidade produtiva e a sabedoria advinda da experiência de uma longa vida, como nessa *Era da Fartura*. Renascer e viver o suficiente para tornar a própria existência útil, era privilégio de poucos.

Supercentenários. Pesquisas já anunciam ter nascido o homem, ou a mulher, que vai viver 150 anos com atributos mentais preservados. Vivemos hoje mais tempo na dimensão intrafísica do que em vidas pregressas, tendo a oportunidade de maior rendimento existencial.

Questionamento. O que temos feito com essa fartura e todos esses anos de vida a mais? Evoluir, seria a resposta mais inteligente. Mas estamos, efetivamente, aproveitando a oportunidade?

Rendimento. Para Vieira (2014, p. 107), a vida humana atual, no Século XXI, equivale, em termos de oportunidades e rendimento evolutivo, a 15 existências pretéritas. Ou seja, a vida atual pode render evolutivamente tanto ou mais do que 15 vidas em séculos, culturas e personalidades prévias.

Amplificação. Considerando essa proporção da *matemática evolutiva,* o autor alerta para o fato de 1 erro na vida atual corresponder a 15 erros passados, ou 1 fracasso existencial hoje equivaler a 15 fracassos anteriores. Em síntese, um único autodesperdício hoje, equivale a 15 desperdiçamentos em retroexistências (V. **Vieira,** Waldo; ***Dicionário de Argumentos da Conscienciologia;*** Foz do Iguaçu, PR: *EDITARES;* 2014; p. 107).

Valorização. Qual a razão de a vida humana atual estar tão valorizada? Entre as causas, o autor indica a autocognição avançada já alcançada pelas consciências que participaram da capacitação existencial preparatória à presente ressoma, denominada *Curso Intermissivo,* mega-aporte da *Era da Fartura de Oportunidades Evolutivas.*

Liberdade. Outra evidência para tal valoração é não haver registro anterior, na trajetória humana, da atual liberdade de expressão de ideias de ponta sobre a essência do processo evolutivo e as condições para o aproveitamento lúcido de tanta abastança.

Revolução. A dificuldade atual reside, inversamente, em selecionar, perante a fartura de todo tipo de panaceia ideativa e material, as de caráter evolutivo. Exemplo dessa liberdade é a proposição da revolução conscienciológica e suas verdades relativas de ponta por meio do Paradigma da Conscienciologia, a partir das últimas duas décadas do Século XX.

Intermissiologia. A Conscienciologia tem na multiexistencialidade (vidas sucessivas) um dos princípios fundamentais. A preparação técnica para os sucessivos renascimentos em novo soma (ressoma) é o que se denomina de *Curso Intermissivo,* fator basilar do projeto de vida futuro – a *pro*gramação *exis*tencial (proéxis) da *consc*iência *in*trafísica (conscin). Aqueles que participaram dessa capacitação no período entre as vidas, na condição de consciências extrafísicas, e se encontram ressomados, são os *intermissivistas*.

Desafiologia. Os megadesafios da Humanidade no início do Terceiro Milênio não estão somente centrados na resolução de demandas intrafísicas, sejam de ordem geopolítica, econômica e social, mas estão prioritariamente centrados na viragem qualitativa de patamar evolutivo da maioria das consciências, intra e extrafísicas, vinculadas a este planeta.

Reurbanização. Enquanto na dimensão física as lideranças mundiais se ocupam de problemas como a explosão demográfica planetária, os conflitos armados e as mudanças climáticas, extrafisicamente, em plena *Era da Reurbanização,* a força-tarefa prioritária é a melhoria de todas as dimensões e considerando a parapopulação de consciências carentes de evolução, muito além das demandas apenas materiais.

Definição. A reurbex é "a mudança para melhor dos ambientes e comunidades extrafísicas doentias, anticosmoeticamente degradadas, patrocinada pelos Serenões,[5] com a finalidade de higienizar o holopensene intrafísico das áreas da Socin sobre as quais exercem influência evolutiva deletéria para a Humanidade" (V. **Waldo,** Vieira; ***Homo sapiens reurbanisatus;*** Foz do Iguaçu, PR: *CEAEC;* 2004, p. 245).

Aceleração. Desde a década de 1940, a reurbex vem ganhando aceleração com a ressoma de grande número de intermissivistas e também com o renascimento de contingente significativo de consciências reurbanizadas, verdadeiros carentes evolutivos, muito além das necessidades da matéria.

Consréus. A consciência reurbanizada é a pessoa, homem ou mulher, que devido aos processos patológicos da própria manifestação, em vidas sucessivas, permaneceu muito tempo sem renascer, em alguns casos por séculos, estagnada em ambientes extrafísicos degradados, nomeados genericamente de Baratrosfera (os *infernões,* na interpretação do Catolicismo e o *umbral,* na acepção do Espiritismo).

---

5 O Serenão ou Serenona é a denominação indicada por Vieira (2007, p. 908) às consciências com elevado grau de evolução e que trabalham de maneira anônima pela evolução da Humanidade.

Força. A reurbanização da Terra vem sendo preparada há séculos, ganhando força extra a partir da segunda metade do Século XX, após o término da Segunda Guerra Mundial (V. **Waldo,** Vieira; ***Homo sapiens reurbanisatus;*** Foz do Iguaçu, PR: *CEAEC;* 2004, p. 265).

Reciclagem. Um dos principais objetivos da reurbanização é promover a reciclagem das comunidades intrafísicas, ou humanas, assediadas pelas comunidades extrafísicas degradadas, sendo em grande parte a causa de questões críticas, a exemplo da explosão demográfica desenfreada e das superlotações nessa dimensão humana (V. **Vieira,** Waldo; ***Homo sapiens reurbanisatus;*** Foz do Iguaçu, PR: *CEAEC;* 2004, p. 247).

Interassistencialidade. O elevado número de consciências reurbanizadas que estão renascendo, carentes de todo tipo de reeducação, constitui, paradoxalmente, oportunidade ímpar de realizar uma das práticas mais otimizadoras da evolução pessoal e grupal: a interassistência lúcida às consciências por meio do esclarecimento das realidades essenciais do Cosmos. *A maior carência da Humanidade é de evolução.*

Zeitgeist. Vale refletir sobre 38 nuanças representativas da diversidade do *Zeitgeist,* ao modo de *eras,* coexistentes neste início do Século XXI, cenário evolutivo de bilhões de consciências, listadas em ordem alfabética:

01. *Era Consciencial.*

02. *Era da Aceleração da História Pessoal.*

03. *Era da Ansiedade Generalizada.*

04. *Era da Comunidade Conscienciológica Cosmoética Internacional* (CCCI).

05. *Era da Conscienciologia.*

06. *Era da Cosmoética.*

07. *Era da Digitalização.*

08. *Era da Empatia.*

09. *Era da Espetacularização.*

10. *Era da Fartura de Energias Conscienciais.*

11. *Era da Fraternidade.*

12. *Era da Glasnost.*

13. *Era da Globalização.*

14. *Era da Hiperestimulação Cognitiva.*

15. *Era da Incerteza* (livro de John Kenneth Galbraith, 1908–2006).

16. *Era da Insegurança Transnacional.*

17. *Era da Lucidez.*

18. *Era da Omninformação.*

19. *Era da Parceria.*

20. *Era da Paz.*

21. *Era da Reciclagem Intrafísica.*

22. *Era da Reurbex.*

23. *Era da Transparência da Vida Pessoal.*

24. *Era das Celebridades.*

25. *Era das Consciências Reurbanizadas* (consréus).

26. *Era das Supercomunicações.*

27. *Era Digital.*

28. *Era do Autodiscernimento.*

29. *Era do Desperdício.*

30. *Era do Esclarecimento.*

31. *Era do Hiperconsumismo.*

32. *Era do Hiperindividualismo.*

33. *Era do Obscurantismo Consciencial.*

34. *Era do Ressentimento* (livro de Luiz Felipe Pondé, 1959–).

35. *Era do Vazio* (livro de Gilles Lipovetsky, 1944–).

36. *Era dos Serenões.*

37. *Era Pós-moderna.*

38. *Nova Era.*

Universalidade. Vivemos atualmente a vida mais interativa e universalista se comparada com retrovivências, nas quais, por vezes, predominava a condição do fechadismo, do isolamento geográfico e escassas inter-relações. A fartura das atuais oportunidades de interação e a expansão dos contatos interconscienciais alcançam patamares inimagináveis.

Desviaciologia. Perante a abastança de cenários favoráveis à consciência, contributivos à realização do projeto de vida pessoal e grupal, nesse momento e em períodos vindouros, o mais grave fator de risco aos intermissivistas titubeantes é o de oscilar entre a dispersão de esforços conscienciais e / ou a decidofobia, podendo gerar o autodesperdício.

***A ERA DA FARTURA* PODE SER SINTETIZADA NA MÁXIMA CHINESA SOBRE A MESMA SITUAÇÃO REPRESENTAR TANTO *"RISCO"* QUANTO *"OPORTUNIDADE"*, DEPENDENDO DA LUCIDEZ E *AUTODISCERNIMENTO DA CONSCIÊNCIA*.**

Autoquestionamento. Você, leitor ou leitora, considera difícil fazer reciclagens e mudanças pessoais perante toda a fartura de aportes nesse início do Século XXI? Já pensou em como seria evoluir na completa escassez, a exemplo das vidas anteriores?

2. Fartura de Aportes Existenciais

Aportes. O mais problemático nos aportes proexológicos é sabermos exatamente o que recebemos para nós e o que recebemos para ser distribuído aos **compassageiros evolutivos.**[6]

Paradigma. O planejamento técnico da atual existência do leitor ou leitora, ou mesmo da autora, recebe o nome genérico de programação existencial e ganha tecnicidade e profissionalismo evolutivos por meio do *Curso Intermissivo,* referenciado no capítulo anterior. Os recursos para a realização deste plano de vida são conhecidos por *aportes evolutivos* ou *existenciais.* Alertar para a evitação do desperdício de tais benesses pró-evolutivas é o objetivo desse capítulo.

Definição. O *projeto de vida* ou *programação existencial* é a ação consciente de traçar plano para a evolução da própria consciência, favorecendo a visão de conjunto das necessidades evolutivas, próprias e alheias, e dos recursos disponíveis, intra e extraconscienciais, para a sua realização (V. **Vieira,** Waldo; ***Manual da Proéxis;*** Rio de Janeiro, RJ: *IIPC;* 1998; p. 9).

Sinonímia: 1. Meta de Vida. 2. Tarefa existencial. 3. Sentido da vida. 4. Planejamento estratégico da evolução.

Antonímia: 1. Vida à deriva. 2. Vazio existencial. 3. Improviso existencial.

---

6 **Vieira,** Waldo. ***Léxico de Ortopensatas;*** Foz do Iguaçu, PR: *EDITARES;* 2014; p. 108.

Planificação. A proéxis é constituída de tarefas prioritárias, previamente planejadas e utiliza as potencialidades, talentos, habilidades, atributos, ideias inatas e toda a bagagem multiexistencial da consciência para a sua consecução. As vivências reunidas pelo indivíduo, vida após vida, ao modo de auto-herança, além da genética, é denominada paragenética.

Compatibilidade. Toda proéxis é compatível com o temperamento da consciência, sendo singular e exequível (V. **Vieira;** Waldo; ***Manual da Proéxis;*** Rio de Janeiro, RJ: *IIPC;* 1998; p. 21).

Maxiproéxis. Quando o projeto evolutivo é amplo, abrangente e envolve grande número de consciências, é denominado *maxiproéxis*. São os empreendimentos evolutivos *por atacado,* coletivos, e não apenas de única pessoa ou de reduzido número de indivíduos de grupo afinizado.

Evolutividade. A consciência apresenta, entre inúmeras características, a da evolutividade. Na condição de princípio inteligente, está em constante aperfeiçoamento e complexificação autopromovidos. Nessa dinâmica evolutiva são consideradas as demandas evolutivas de cada um.

Ciclo. As consciências são todas partícipes de um ciclo evolutivo: toda consciência evolui; toda ação gerada por uma consciência determina uma reação correspondente; ninguém evolui sozinho (grupalidade) e evolui-se, primordialmente, quando nos tornamos úteis às demais pessoas.

Necessidades. Similar a uma empresa produtora de bens ou serviços para atender necessidades do mercado, a consciência e seu empreendimento de vida necessitam atender carências evolutivas. Assim, produtos evolutivos para atender essas demandas precisam ser disponibilizados, a exemplo de ideias, cursos, livros e instituições.

Tarefas. A realização de tarefas evolutivas necessita de pré-requisitos oriundos de capacitação evolutiva preparatória à vida atual, que acontece nos *Cursos Intermissivos.*

Farturologia. Na atual *Era da Fartura,* os suprimentos da vida evolutiva ou os recursos para a realização da programação de vida estão disponíveis e constituem os aportes existenciais recebidos pela consciência.

Definição. O *aporte existencial* é todo e qualquer recurso recebido pela conscin, homem ou mulher, durante a vida, sobretudo na fase preparatória da autoproéxis, constituído por ferramentas úteis, aprendizados e condições favoráveis ao bom desempenho das tarefas interassistenciais (V. **Loche,** Laênio; ***Aporte Existencial;*** verbete; In: **Vieira,** Waldo; Org.; ***Enciclopédia da* Conscienciologia*;*** Foz do Iguaçu, PR: *EDITARES/CEAEC;* 8ª Ed. Eletrônica; 2013; p. 847 a 853).

Preparatória. A fase de preparação para a realização da proéxis é aquela que vai do nascimento até os 35 anos de idade, em média, quando a consciência recebe as achegas estruturadoras da própria programação existencial. Após os 35 anos, inicia a fase executiva, de realizações e resultados (V. **Vieira;** Waldo; ***Manual da Proéxis;*** Rio de Janeiro, RJ: *IIPC;* 1998; p. 56).

Autoinventário. Para realizar o levantamento dos aportes recebidos na atual vida pode-se utilizar a técnica de listar todos os recebimentos que a consciência obteve desde seu nascimento. Eis, por exemplo, em ordem funcional, 12 áreas a serem mapeadas pelo leitor ou leitora interessados em levantar as achegas existenciais recebidas, seguidas de alguns indicadores da qualidade dos aportes. Sugere-se que o leitor efetue a própria listagem:

01. **Local de nascimento:** a etnia de origem; o país; a cultura favorável.

02. **Família nuclear:** a qualidade dos cuidados maternos; a convivialidade familiar sadia.

03. **Herança genética:** a linhagem familiar com genética saudável.

04. **Educação informal:** o acesso a livros; a valorização da erudição e do saber dentro do núcleo familiar.

05. **Educação formal:** o acesso à escolaridade qualificada; o ensino superior; as bolsas de estudo; os professores incentivadores; o desenvolvimento do poliglotismo.

06. **Atividade laboral:** a profissão assistencial, a exemplo das áreas de Educação e Saúde.

07. **Amizades:** os relacionamentos produtivos; as amizades fraternas.

08. **Relacionamento afetivo:** a vida afetiva e sexual equilibrada; os afetos enriquecedores; o casal interassistencial; a *dupla evolutiva* (técnica evolutiva).

09. **Liberdade ideativa:** a expressão das próprias ideias sem repressões; a liberdade de escolha.

10. **Acumulação:** os bens materiais recebidos e acumulados, na medida exata das necessidades evolutivas.

11. **Saúde:** o acesso aos cuidados em saúde e à alimentação adequada.

12. **Amparo:** a ajuda nos momentos de necessidade; as intervenções favoráveis em situações críticas.

Ampliação. O leitor, ou a leitora, interessados em aprofundar o autoinventário, pode recorrer à *Técnica do Autoinventariograma,* verbete da *Enciclopédia da Conscienciologia,* no qual Fonseca propõe 280 variáveis de análise da própria existência (V. **Fonseca,** Djalma; ***Técnica do Autoinventariograma;*** verbete; In: **Vieira,** Waldo; Org.; ***Enciclopédia da Conscienciologia;*** Foz do Iguaçu, PR: *EDITARES/CEAEC;* 8ª Ed. Eletrônica; 2013; p. 10.380 a 10.387).

Convergência. Parece lógico que os aportes existenciais sejam compatíveis e convergentes com a programação existencial da consciência. Realizar o levantamento detalhado das achegas recebidas ajuda a mapear as diretrizes do projeto de vida.

TIPOS DE APORTES EVOLUTIVOS

Diversidade. Os aportes evolutivos são de diversificadas naturezas e finalidades. Relacionar e analisar todos eles, exigiria um novo livro. Contudo, vale o destaque para 5 tipos de benesses existenciais essenciais à autonomia pró-evolutiva, recebidas por expressivo percentual de leitores e leitoras nessa *Era da Fartura.* A seleção de apenas 5 deles, deve-se à importância destes recebimentos para as reciclagens, a completude da programação existencial e o aproveitamento pleno da atual vida crítica, a ser analisada no capítulo 7.

1. Aporte de Liberdade

Autonomia. A liberdade de pensamento e de expressão é a livre manifestação das ideias e opiniões da consciência, sem cerceamento ou repressão de qualquer natureza.

Realidade. A ausência do livre pensar e agir pode não ser a atual realidade do leitor ou leitora, mas ainda é imposta a muitas consciências neste início de Terceiro Milênio em vários locais do planeta.

Valor. Daí decorre o ato de considerar aporte existencial o fato de a consciência ressomar e viver em ambiente familiar e social caracterizado pela liberdade.

Vontade. Daou (1956–), sintetiza a importância do aporte da autonomia evolutiva no conceito de *liberdade da vontade*. A *liberdade da vontade* é a condição cosmoética e insubstituível de poder pensar, sentir e agir livremente, nas diversas circunstâncias existenciais, simples ou complexas, diante das possibilidades de decisões, escolhas e direcionamentos, condutores ou constritores da evolução (V. **Daou,** Dulce; ***Vontade: Consciência Inteira;*** Foz do Iguaçu, PR: *EDITARES;* 2014; p. 149).

História. A exemplo do capítulo anterior, recorrer à Historiologia para avaliar o quanto a Humanidade tem avançado, ainda que lentamente, se faz necessário na análise dessa achega proexológica (ou aporte existencial). Considere, leitor ou leitora, por hipótese, a condição pessoal de ter tido retrovidas em diferentes contextos, papéis sociais e períodos históricos.

Escravidão. A escravização de uma consciência por outra é prática antiga. Na Antiguidade Greco-Romana a posse de escravos era aceita "naturalmente", inclusive por ilustres filósofos gregos *humanistas* e eminentes jurisconsultos romanos. O tráfico de escravos da costa da África Ocidental atingiu o auge no Século XVIII e ainda perdurou por algumas centenas de anos antes da total abolição da prática (V. **Masi,** Domenico de; ***O Futuro Chegou: Modelos de Vida para uma Sociedade Desorientada;*** Rio de Janeiro, RJ: *Quitanda Cultural & Casa da Palavra;* 2014; p. 103 e 104).

Interprisão. Talvez devesse preocupar mais à consciência lúcida o fato de ter sido escravagista do que a de ter sido escrava, devido ao fato da coibição da liberdade de outras consciências, no primeiro caso, submetendo-as a tratamento cruel, embora as duas condições sejam igualmente nefastas. Em ambas as situações a restrição da liberdade e a coerção da vontade deixaram marcas intraconscienciais e existenciais profundas.

Atualidade. Ainda há registros de regime de trabalho escravo no Século XXI, contudo vive-se com muito mais liberdade do que já se viveu em qualquer outro período da História Humana.

Autorrepressão. As religiões também foram consideravelmente eficazes na lavagem cerebral das consciências, tolhendo, inclusive, a liberdade intraconsciencial. Legiões de indivíduos não se permitiam sequer "pensar" criticamente em relação aos dogmas impostos. Vale a ressalva de que muitos indivíduos ainda prosseguem *lavados* consciencialmente, escravos das próprias crenças e preconceitos de natureza religiosa.

Ideário. Pensar de maneira diferente, avançada, e divulgar ideias inovadoras, libertárias, notadamente pela escrita, já foi perigoso há pouco mais de 3 séculos. Quantos livres-pensadores foram perseguidos e mortos pelas máquinas repressoras da Igreja Católica Apostólica Romana (ICAR), por meio da Inquisição, e pelo absolutismo monárquico despótico?

Proibição. O *Index Librorum Prohibitorum* (Índice dos Livros Proibidos) esteve vigente por mais de 400 anos (1557–1966). A anátema da heresia caía sobre qualquer adversário ideológico dos poderes instituídos, muitos deles condenados à fogueira simplesmente por *pensar diferente*. Não raro, os livros iam para a fogueira com os próprios autores.

Mídia. As consciências que pensam e se expressam de maneira livre ainda correm o risco de serem jogadas nas "fogueiras" difamatórias multimidiáticas da atualidade.

Liberdade. Nunca antes a Humanidade desfrutou de tanta liberdade para falar, escrever, publicar e expressar os próprios pensamentos.

Lixo. O mesmo princípio, contudo, vale para a "montanha de lixo" ideativo produzido e lançado todos os anos no mercado editorial mundial. Ressalva profilática ao leitor e leitora que desfrutam da plena liberdade de seleção e escolha daquilo que lêem.

Intraconsciencialidade. A maior das liberdades ainda é a ideativa, no íntimo de cada consciência que já consegue a pacificação intraconsciencial para pensar e agir livremente.

2. Aporte Descrenciológico

Antidogmatismo. Na sequência do item anterior, talvez um dos principais aportes chancelados pelo Paradigma Consciencial no Século XXI, seja o do antidogmatismo, notadamente pelo *princípio da descrença,* que convida toda consciência lúcida à renúncia de crenças e fé cega de qualquer natureza. Este princípio recomenda utilizar a máxima racionalidade discernida perante toda ideia e verdade relativa colocada à sua frente.

Aporte. O aporte descrenciológico é a oportunidade, na vida atual, de a consciência poder pensar por si mesma, sem lavagens cerebrais culturais, religiosas, ideológicas e políticas, por meio do autodidatismo criterioso e das vivências pessoais.

Cético. Vieira resume a postura da consciência *cética-otimista-cosmoética,* na condição de profilaxia aos embates ideativos e vivenciais. A busca não é mais pela verdade definitiva, mas pela ideia relativa de ponta do momento evolutivo (V. **Vieira,** Waldo; ***Partilha do Saber;*** verbete; In: **Vieira,** Waldo; Org.; ***Enciclopédia da Conscienciologia;*** Foz do Iguaçu, PR: *EDITARES/CEAEC;* 8ª Ed. Eletrônica; 2013; p. 8.258 a 8.261).

Herança. Avalie, se possível, leitor ou leitora, por quantas vidas, legiões de consciências "engoliam à força" verdades absolutas e pré-concebidas, sem qualquer direito à dúvida e questionamento. A desconstrução desse sistema de dogmatização ainda está em curso e deverá demandar séculos à frente.

Dessacralização. Ainda assim vive-se em plena *cultura da dessacralização,* entendida enquanto conjunto de concepções, conhecimentos e comportamentos, individuais e coletivos, centrados no *princípio da descrença* e na desconstrução da mentalidade multissecular de algo e / ou alguém ser sagrado, divino, inquestionável e, consequentemente, dogmático.

Tipologia. Eis, 7 tipos de condições descrenciológicas, listadas horizontalmente em ordem de complexidade dos temas, já em curso neste início de Terceiro Milênio: *dessacralização* do dinheiro; *dessacralização* do sexo; *dessacralização* do livro; *dessacralização* do conhecimento; *dessacralização* do parapsiquismo; *dessacralização* da dessoma e *dessacralização* da evolução.

Automito. Importa às consciências lúcidas a desconstrução do *automito* de o conhecimento, a erudição, os livros e a própria escrita constituírem itens *sagrados* e para poucos privilegiados. Daí a importância do aporte descrenciológico na ressoma atual. A Descrenciologia é a vacina antidogma a ser autoinoculada continuamente pelos livre-pensadores e pesquisadores independentes da consciência.

3. Aporte Intermissivo

Definição. O *aporte intermissivo* é o conjunto de aquisições esclarecedoras sobre si e sobre a evolução, recebidas pela consciência durante a preparação estratégica ao máximo rendimento evolutivo da atual vida humana, auferido no período extrafísico, antecipatório à atual existência na intrafisicalidade.

Ineditismo. Vale lembrar ao leitor e leitora que, em toda História Humana, raras consciências com algum saldo de generosidade e assistencialidade em vidas anteriores foram convidadas a participar do *Curso Intermissivo.* Daí a condição de aporte e da responsabilidade da conscin leitora intermissivista.

Senso. Talvez o maior legado do curso pré-ressomático seja o autoideário inato, as ideias originais trazidas, notadamente quanto ao sentido evolutivo da vida humana e a familiaridade com as ideias do Paradigma da

Conscienciologia. Trata-se do *senso de utilidade evolutiva* a ser aprofundado no capítulo 5.

Clivagem. Divisor de águas na trajetória evolutiva da consciência, o *Curso Intermissivo* chancela a atual existência evolutivamente mais crítica, entre as vivenciadas na fieira dos milênios.

Esbregue. Ao ingressar no *Curso Intermissivo,* a consciência poderá ter um choque consciencial ou *choque de pararrealidade,* ao perceber o *gap* evolutivo pessoal, se comparado à manifestação lúcida e ortopensênica dos *docentes* da capacitação intermissiva, ao modo de esbregue pró-evolutivo.

Impactoterapia. O *esbregue pró-evolutivo* é o ato ou efeito de a consciência, intra ou extrafísica, receber auto e heterorrepreensão, advertência, pito, reprimenda, bronca, corrigenda, admoestação impactoterápica, cosmoética e tarística (V. **Manfroi,** Eliana; ***Esbregue Pró-Evolutivo;*** verbete; In: **Vieira,** Waldo; Org.; ***Enciclopédia da Conscienciologia;*** verbete apresentado no *Tertuliarium/CEAEC,* Foz do Iguaçu, PR, em: 02.06.2014).

Esclarecimento. Ao modo de *puxão de orelha,* o contato com a própria realidade esclarece a consciência sobre os próprios acertos e erros do passado, facilitando o planejamento pessoal reeducativo para a próxima vida humana. Autoesclarecido, o intermissivista introjeta um dos principais legados do *Curso Intermissivo,* a teoria e a prática da *tarefa do esclarecimento* (tares).

4. Aporte Reeducador

Definição. O *aporte reeducador* é a condição paradoxal de a consciência, ao não receber determinada benesse existencial, a exemplo de facilitações financeiras, sociais e familiares, aproveitar a aparente *carência* para erradicar traços-fardos do temperamento pessoal. Tal condição pode favorecer a reeducação, o desenvolvimento da vontade férrea e autodeterminação orientadas à superação das condições aparentemente constritivas.

Excesso. A fartura de aportes pode representar, em alguns casos, franca provação à consciência, devido ao risco de a facilidade extrema gerar desmotivação e desperdício.

Paradoxo. Considerando o temperamento e a holobiografia do indivíduo, o aporte evolutivo poderá ser, paradoxalmente, a ausência da achega. Essa condição faculta ao indivíduo lúcido, o incremento dos autoesforços e a valorização de cada conquista evolutiva, recompondo provável retrovivência de desperdício e ociosidade frente às benesses recebidas.

Resiliência. A superação de situações adversas que terminam por fortalecer o indivíduo e torná-lo apto a auxiliar outras pessoas com dificuldades semelhantes, a partir do exemplo pessoal, recebe o nome de resiliência exemplarista (V. **Manfroi,** Eliana; ***Binômio Resiliência-Exemplarismo;*** verbete; In: **Vieira,** Waldo; Org.; ***Enciclopédia da Conscienciologia;*** Foz do Iguaçu: *EDITARES/CEAEC;* 8ª Ed. Eletrônica; 2013; p. 2.462 a 2.466).

Estratégia. Ao desenvolver estratégias pessoais de enfrentamento às dificuldades e autolimitações, por vezes até de ordem somática, a consciência resiliente estrutura técnicas que podem ser utilizadas por muitos indivíduos com transtornos similares.

5. Aporte Autoral

Definição. O *aporte autoral* é o recurso, achega, subsídio, incentivo de natureza diversificada, auferido pela conscin, homem ou mulher, facilitador da produção conscienciográfica qualificada, notadamente artigos, verbetes e livros conscienciológicos esclarecedores (**Manfroi,** Eliana; ***Aporte Autoral;*** verbete; In: **Vieira,** Waldo; Org.; ***Enciclopédia da Conscienciologia;*** verbete apresentado no *Tertuliarium/CEAEC,* Foz do Iguaçu, PR, em: 21.05.2014).

Modalidade. A achega pode ser explícita, a exemplo da herança recebida pelos laços de parentesco, como a empresa jornalística de monta, a editora conceituada de livros ou progenitores intelectualizados. Também pode ser implícita, assim como a habilidade (traf*o*r) da escrita desenvolvida em sucessivas ressomas na condição de escritor ou escritora.

Autoinventariologia. E quanto ao leitor ou leitora, identifica o recebimento de aportes autorais explícitos na vida atual? Para auxiliar na reflexão, eis, em ordem alfabética, 12 questionamentos passíveis de serem autoaplicados para realizar o mapeamento dos incentivos recebidos quanto à intelectualidade e à escrita útil:

01. **Amizade.** Os amigos mais próximos, desde tenra idade, privilegiavam a leitura, o debate de ideias e a escrita, em detrimento da vivência do porão consciencial[7]?

02. **Amparo.** As inspirações e ideias originais são recorrentes durante a prática pessoal da escrita?

03. **Autodidatismo.** Os currículos acadêmicos convencionais, experimentados na condição de estudante, eram rotineiramente suplantados pela autodidaxia espontânea?

04. **Biblioteca.** A cidade natal dispunha de biblioteca pública bem constituída e com acervo atualizado, favorecendo a pesquisa e a redação?

05. **Convivência.** A casa paterna propiciava diálogos e debates enriquecedores por meio de rodas de conversas com adultos intelectualizados? A família valorizava a leitura e a escrita?

06. **Educação.** Os educandários frequentados incentivaram e valorizaram a autoexpressão escrita, de qualidade, desde as séries escolares iniciais?

07. **Família.** O núcleo familiar incentivou a leitura e a erudição, colocando à disposição, desde a infância, acervo considerável de livros?

08. **Mecenato.** A oportunidade de ter os estudos franqueados por bolsas e créditos, públicos ou privados, foi constante no próprio currículo acadêmico?

09. **Paragenética.** O gosto pela leitura, estudo e escrita manifestou-se precocemente, imediatamente após a alfabetização, indicando hábito e / ou habilidade desenvolvida em vidas pregressas?

---

7 Porão consciencial: fase de manifestação infantil e adolescente caracterizada pelo predomínio dos traços-fardos e primitivos da consciência (V. **Vieira,** Waldo; ***Porão Consciencial;*** verbete; In: **Vieira,** Waldo; Org.; ***Enciclopédia da Conscienciologia;*** Foz do Iguaçu, PR: *EDITARES / CEAEC;* 8ª Ed. Eletrônica; 2013; p. 8.568 a 8.571).

10. **Preceptoria.** Os cuidadores facultaram o acompanhamento de preceptor capacitado durante a infância e / ou adolescência?

11. **Profissão.** A escolha profissional pessoal facilitou o aporte de recursos pró-erudição e escrita?

12. **Sincronicidade.** Os artefatos do saber, a exemplo dos livros sobre temas de interesse, chegavam até você facilmente, como se *caíssem nas próprias mãos?*

Livros. O volume do aporte de livros e de oportunidades de desenvolvimento da erudição e intelectualidade úteis, recebidos na contemporaneidade, é o maior de toda a História Humana.

Sabedoria. Desperdiçar 30 séculos de sabedoria e erudição registradas e acumuladas nos livros já produzidos no Planeta, pelo "simples" fato de não ler, é perda incalculável. Saber ler, refletir e escrever e não praticar esse trinômio pró-evolutivo, pode ser indicativo de infradotação quanto ao quociente evolutivo (a inteligência evolutiva) (V. **Guzzo, J. R.**; ***Analfabetos Voluntários;*** *Veja;* São Paulo, SP: *Editora Abril;* 11.06.2014; p. 100 e 101).

Casuística. A título de autoexemplo, na condição denominada na Conscienciologia de *consciência-cobaia,* seguem 2 casos explícitos de aporte autoral, relacionados diretamente com a programação existencial de muitas consciências, inclusive da autora deste livro, voltada à escrita e à comunicabilidade interconsciencial. Tendo recebido inúmeros aportes na área da produção textual, o presente livro é uma tentativa sincera de corresponder, em parte, a esses recebimentos.

1. **Bibliófilo.** O caso do pesquisador e escritor venezuelano Fernando Báez (1970–), autoridade no estudo da destruição de livros e bibliotecas, ao longo da História e consultor da UNESCO, é exemplar (V. **Báez,** Fernando; ***História Universal da Destruição dos Livros: das Tábuas Sumérias à Guerra do Iraque;*** Rio de Janeiro, RJ: *Ediouro;* 2006; p. 19 e 20). Interessante relato na introdução de seu livro, *A História Universal da Destruição dos Livros,* mostra que a mãe trabalhava em uma mercearia todo o dia e o deixava aos cuidados de uma

prima, secretária da biblioteca pública da pequena cidade onde vivia. O autor, ainda criança, passava os dias entre as estantes, relatando ter descoberto o valor da leitura e dos livros, na ocasião seus únicos amigos de infância.

Herança. Aos 19 anos tornou-se vendedor de enciclopédias e certo dia recebeu do carteiro uma caixa com cerca de 40 volumes, deixados na condição de herança pelo avô falecido. Entre os livros estava o exemplar *Os Inimigos dos Livros* (1888), de William Blades (1824–1890). O próprio Báez refere ter sido tal obra a pedra fundamental do tema ao qual dedicaria sua existência: a preservação dos bens culturais da Humanidade.

2. **Preceptoria.** A estadunidense Susan Wise Bauer (1968–) foi educada em casa pelos pais e, aos 3 anos, já aprendia a ler, tendo a mãe na condição de professora (V. **Bauer,** Susan Wise; ***Como Educar sua Mente: o Guia para Ler e Entender os Grandes Autores;*** São Paulo, SP: *É Realizações Editora;* 2015; p. 11 a 506). Aos 5 anos já lia material didático equivalente à 5ª série das escolas locais. Os livros do pai, segundo relata, tiveram papel fundamental na formação da historiadora, bibliotecária, escritora e editora da *Peace Hill Press,* da qual é proprietária.

Idiomas. Susan aprendeu Latim aos 10 anos e após dedicou-se a estudar grego, hebraico, aramaico e coreano. Até 2014, já havia publicado 18 livros (3 deles antes dos 16 anos) e gerado 4 filhos. Ressaltando a importância da educação clássica, escreveu um guia para a leitura de grandes escritores da Literatura Universal, incentivando ao máximo o proveito intelectual das obras.

Retribuição. Quanto maior a fartura de aportes existenciais recebidos, maior a responsabilidade na retribuição. O fato de ter renascido nesta dimensão, neste período civilizatório, já constitui substancial achega. Número não calculado de consciências ainda aguardam pela oportunidade de viver neste orbe em busca de reeducação.

Antiociosidade. Aportes evolutivos ociosos indicam a ausência de coerência e discernimento da consciência incauta quanto à megarresponsabilidade colocada em suas mãos, ao modo de empréstimo de bens evolutivos, que deverão ser devolvidos.

Capital. Novamente é Daou (2014) que resume, no conceito de *capitalização consciencial*, a importância do aproveitamento útil, assistencial e evolutivo da atual fartura de aportes. "A *capitalização consciencial* é o ato ou efeito de a conscin tirar proveito da vida humana com o máximo de rendimento evolutivo dos aportes existenciais recebidos, da carga de conhecimento apreendido, dos atributos conquistados e da bagagem multiexistencial através da vontade lúcida, granítica e teática" (**Daou,** Dulce; ***Vontade: Consciência Inteira;*** Foz do Iguaçu, PR: *EDITARES;* 2014; p. 192).

Multiplicação. A responsabilidade da consciência intermissivista depositária de achegas pró-evolutivas não é apenas retribuir aportes, mas multiplicar cosmoeticamente o capital existencial e distribuir tais dividendos.

***OS** APORTES **CONSTITUEM INDICATIVOS SEGUROS QUANTO À** AUTORRESPONSABILIDADE **DA CONSCIÊNCIA EM RETRIBUIR OS RECEBIMENTOS EM FORMA DE INTERASSISTÊNCIA. A FERRAMENTA RECEBIDA SINALIZA O** OFÍCIO PROÉXICO.*

Autoquestionamento. Você, leitor ou leitora, já inventariou os aportes existenciais, de toda natureza, recebidos na atual ressoma? Vem aproveitando as oportunidades de aplicar tais recursos pró-evolutivamente?

3. Janelas de Oportunidades Evolutivas

Oportunidades. As **oportunidades** aparecem quando menos se espera, em qualquer momento ou local. Devemos estar preparados. A vida é continuação de oportunidades criadas pela própria consciência.[8]

Definição. A *janela de oportunidade* é a abertura, brecha, fresta, fenda momentânea no *continuum* evolutivo da consciência, favorável, oportuna e propícia à otimização, melhoria ou profilaxia de algum aspecto relevante às reciclagens pessoais e à realização de percentual máximo da própria programação existencial (compléxis) (V. **Manfroi,** Eliana; ***Janela de Oportunidade;*** verbete; In: **Vieira,** Waldo; Org.; ***Enciclopédia da Conscienciologia;*** verbete apresentado no *Tertuliarium/CEAEC,* Foz do Iguaçu, PR, em: 10.11.2012).

Sinonímia: 1. Abertura pró-evolutiva. 2. Oportunidade proexológica. 3. Linha de abertura evolutiva. 4. Brecha profilática pró-compléxis. 5. Ventana de aportes existenciais.

Antonímia: 1. Janela de inoportunidade. 2. Trancamento antievolutivo. 3. Fechadismo antiproéxico. 4. Perdularismo inconsequente.

Economia. A *economia de bens* é um princípio na Conscienciologia e preconiza que, entre inúmeras benesses e oportunidades disponíveis, o mais inteligente é escolher o *bem maior,* o prioritário e que melhor vai servir

8 **Vieira,** Waldo; ***Léxico de Ortopensatas;*** Foz do Iguaçu, PR: *EDITARES;* 2014; p. 1.175.

a extenso número de pessoas, em escala ampliada (V. **Vieira,** Waldo; ***700 Experimentos da Conscienciologia;*** Rio de Janeiro, RJ: *Instituto Internacional de Projeciologia e Conscienciologia;* 1994; p. 633).

Males. Em contraponto, a *economia de males* indica que, entre diversas situações e contextos desfavoráveis perante os quais se torna obrigatória a escolha, a opção recai sobre o *mal menor,* aquele que vai prejudicar o menor número de pessoas, dentre os estragos que poderá vir a causar, inevitavelmente (V. **Vieira,** Waldo; ***700 Experimentos da Conscienciologia;*** Rio de Janeiro, RJ: *Instituto Internacional de Projeciologia e Conscienciologia;* 1994; p. 632).

Paradoxo. Refletindo sobre os dois conceitos surge o *paradoxo da fartura de oportunidades evolutivas.* Vivemos em um momento da História onde as possibilidades são tão numerosas que é preciso lançar mão do *princípio da economia de bens.*

Farturologia. Na *Era da Fartura,* escolher o que *não fazer* é tão fundamental quanto decidir o *que fazer.* Mediante o excesso de ofertas, discernir sobre o prioritário é o desafio atual.

Ciclo. A escolha quanto ao *bem evolutivo maior* possui grande chance de depender, *a priori,* da lucidez da consciência e talvez até mesmo da etapa do ciclo vital na qual se encontre. Ciclo vital é o percurso de vida do nascimento até a dessoma, abrangendo, resumidamente: a infância; adolescência; adultez jovem; adultez tardia; meia-idade; terceira e quarta idades.

Adiamento. Considerando que existam exceções, a criança, em geral, tende a ser impulsiva e dificilmente consegue adiar a satisfação imediata de um desejo, em prol de ganho futuro qualificado.

Experimento. Pesquisa clássica realizada na década de 1970, na Universidade de Stanford, citada por Gianetti (1957–) e Goleman (1946–), relata o experimento realizado com crianças em idade pré-escolar, levadas a uma sala onde guloseimas estavam ao alcance do infante. O pesquisador dizia à criança que, se aguardasse por 15 minutos até ele voltar, ganharia dois doces e não apenas um que estava disponível de imediato à criança.

Muitas crianças não conseguiam postergar a gratificação, mantendo o autocontrole, e comiam a única guloseima imediatamente, perdendo o direito ao segundo doce (V. **Giannetti,** Eduardo; ***O Valor do Amanhã;*** São Paulo, SP: *Companhia das Letras;* 2005; p. 89 e 90; **Goleman,** Daniel; ***Foco: A Atenção e seu Papel Fundamental para o Sucesso;*** Rio de Janeiro: *Objetiva;* 2014; p. 81 e 82).

Ponderação. Sem a pretensão de comparar uma guloseima com um *bem evolutivo,* as crianças do experimento citado poderiam ter lançado mão do *princípio da economia de bens,* desde que tivessem a paciência, o autocontrole e o foco no objetivo almejado. O dilema, segundo Gianetti era: *menos antes* ou *mais depois?*

Juventude. Os adultos jovens teriam bom desempenho no experimento das crianças de Stanford, provavelmente por não estarem mais interessados em caramelos infantis. As "guloseimas" da atual juventude são de outra natureza. Contudo, traços de impulsividade e a valorização excessiva do tempo presente, devido à perspectiva de terem *todo o tempo do mundo pela frente* (futuro) para cuidarem da evolução, pode levar ao desperdício de oportunidades disponíveis no aqui-agora. As "guloseimas digitais" devem ser mais atraentes às conscins jovens.

Tempo. A subestimação do futuro, atribuindo valor excessivo ao que está apenas no presente, é denominada por Gianetti de *miopia temporal,* podendo levar a escolhas imediatistas, sem considerar as consequências evolutivas, ou regressivas, daí advindas (V. **Giannetti,** Eduardo; ***O Valor do Amanhã;*** São Paulo, SP: *Companhia das Letras;* 2005; página 174).

Superestimação. Por outro lado, a superestimação do futuro constitui a *hipermetropia temporal.* Para o autor do livro *O Valor da Amanhã,* só olhar para o futuro pode fazer com que desperdicemos as demandas atuais e as janelas abertas de oportunidades no presente. O equilíbrio estaria em agir no presente (escolhendo o prioritário) para chegar a determinada meta (proéxis), tendo em vista o futuro (a evolução consciencial).

Priorização. O desafio da opção pelo prioritário exige, inicialmente, substancial autoconhecimento, autopesquisa, saber dos próprios interesses, tendências, afinidades e habilidades. Ninguém quer perder tempo com algo que não tenha nada a ver consigo. Outra variável de peso nas escolhas pessoais recai sobre o discernimento quanto à própria programação existencial e quais as opções convergentes com o propósito de vida.

Vida. Viver, ou seja, renascer nessa dimensão física é a primeira grande janela de oportunidade da consciência em evolução, com o objetivo de ir *lapidando, burilando* a si mesma, vida após vida. Rossa (2014) sintetiza essa ideia no livro *Oportunidade de Viver,* mostrando que "a escola da vida objetiva o aprimoramento individual e coletivo conquistado paulatinamente e potencializado quando a conscin está atenta para esta possibilidade" (V. **Rossa,** Dayane; ***Oportunidade de Viver;*** Foz do Iguaçu, PR: *EDITARES;* 2014; p. 40).

Autodiagnóstico. As oportunidades na *Era da Fartura* são muitas e de diversificadas naturezas. A título de exemplo, eis 10 listadas em ordem alfabética, com o objetivo de auxiliar o leitor e leitora a avaliarem o próprio grau de aproveitamento de tais aberturas pró-evolutivas:

01. **Janela de oportunidade autoral:** o acesso à erudição e a assessoria especializada de instituições e grupos de apoio ao autorado lúcido. Atualmente toda pessoa determinada e auto-organizada consegue redigir e publicar livro útil.

02. **Janela de oportunidade científica:** o acesso cada vez mais facilitado à formação e desenvolvimento de cientistas comprometidos com a Ciência ética e voltada ao bem de toda Humanidade. Paradoxo: o mesmo vale para a Ciência e os cientistas voltados à qualificação dos aparatos bélicos.

03. **Janela de oportunidade cuidadológica:** a doença inesperada do familiar exigindo cuidados contínuos, mas dando oportunidade à reeducação do assistente e à promoção de reconciliações.

04. **Janela de oportunidade exemplarista:** a ocasião oportuna para demonstrar, pelo exemplo pessoal, a autossuperação e resiliência perante o agravo existencial.

05. **Janela de oportunidade infiltraciológica:** o convite para trabalhar em ambiente social e consciencial degradado, ao modo de infiltrado

lúcido, favorecendo o desenvolvimento da autoabnegação e da interassistência (a pessoa sabe onde está e o que deve fazer para auxiliar).

06. **Janela de oportunidade intermissiva:** a possibilidade de ter participado do primeiro *Curso Intermissivo* estruturado da Para-História da Humanidade.

07. **Janela de oportunidade parapercepciológica:** a utilização discernida da segunda natureza humana, o parapsiquismo, em todos os aspectos da vida.

08. **Janela de oportunidade recinológica:** a vivência da *zona de desconforto* máxima, ou seja, a autossaturação das próprias incoerências e imaturidades levando às reciclagens pessoais, adiadas por séculos.

09. **Janela de oportunidade retrocognitiva:** a pesquisa de campo das próprias vidas passadas, por meio da facilitação das viagens internacionais, visitas a museus, bibliotecas, centros de cultura, sítios arqueológicos milenares, filmes e banco de dados *online*.

10. **Janela de oportunidade tarística:** a chance de poder realizar esclarecimentos *cirúrgicos,* ou seja, auxiliar outra consciência a compreender a raiz do próprio problema.

Tarefas. Entre as oportunidades relevantes colocadas a toda consciência intermissivista, na atual *Era da Fartura,* está a oportunidade da assistência por meio do esclarecimento das realidades prioritárias da evolução, a si e às demais pessoas. Trata-se da *tarefa do esclarecimento* (tares). Para entender esse constructo é necessário o cotejo com outro conceito, a *tarefa da consolação* (tacon) (V. **Vieira,** Waldo; ***Homo sapiens reurbanisatus;*** Foz do Iguaçu, PR: *Associação Internacional do Centro de Altos Estudos da Conscienciologia (CEAEC);* 2003; p. 47).

Consolar. É possível auxiliar indivíduos carentes, apenas fornecendo-lhes o que lhes falta, a exemplo de desnutridos que recebem alimentos de instituições de caridade ou mesmo de organismos de saúde. Também é possível ofertar dinheiro a uma pessoa endividada, sem ensinar a ela a auto-organização financeira e a profilaxia da carência econômica. Tais atitudes, simpáticas e generosas, aparentemente, não resolvem a demanda do faminto e do inadimplente, apenas *amenizam* temporariamente a situação. A fome e as dívidas voltarão. Esse tipo de assistência é o que se chama de *tarefa da consolação* (tacon).

Esclarecer. Na *tarefa do esclarecimento* (tares) a estratégia é ajudar a consciência a enxergar a própria realidade, em profundidade, compreendendo a raiz e a origem das suas dificuldades e a autorresponsabilidade por ter chegado a tal situação. Também orienta quanto às inúmeras estratégias à disposição para reverter, por si mesma, o quadro pessoal desfavorável. Essa reversão, a mudança pessoal profunda, intraconsciencial, recebe o nome de *rec*iclagem *exis*tencial (recéxis).

Necessidade. A tacon é preferível ao invés de não realizar assistência nenhuma. Contudo, no atual momento evolutivo, já é possível, notadamente aos intermissivistas, privilegiar a tares em relação à consolação. Consolar, quando já poderia esclarecer, pode ser desperdício de oportunidade de realizar assistência em nível avançado.

Planeta-Escola. A Humanidade, considerada ainda na condição similar a grande *Hospital,* repleta de enfermos evolutivos, está no momento da megavirada para tornar-se ampla *Escola,* lotada de aprendentes evolutivos.

Esclarecimento. A consciência lúcida opta pela tarefa do esclarecimento na condição de megaoportunidade evolutiva, por entender que nela reside a solução. Consolar é adiar a cura da falta de evolução. Esclarecer é comparável a vacinar contra a *doença* da autoignorância antievolutiva.

Preço. Todavia, nem toda abertura de janela de oportunidade pró-evolutiva apresenta cenário "florido" e "ensoladorado". Esta analogia refere-se ao fato de, por vezes, a oportunidade exigir da consciência esforços na reciclagem de traços de temperamento e hábitos pessoais anacrônicos. Também pode demandar abrir mão de exigências pessoais, caprichos, queixumes e minudências secundárias perante a importância da tarefa assistencial vislumbrada.

ENQUANTO AMPARADORES ABREM *JANELAS DE OPORTUNIDADES* **EVOLUTIVAS, NEM SEMPRE FLORIDAS, MAS COM AMPLO** *HORIZONTE INTERASSISTENCIAL,* **A** *CONSCIN INCAUTA* **FECHA PORTAS AO DESPERDIÇAR** *APORTES EVOLUTIVOS.*

Autoquestionamento. Para você, leitor ou leitora, já se abriram janelas de oportunidade para fazer da atual ressoma um divisor de águas em termos evolutivos? Qual tem sido a sua resposta: lançar-se com discernimento aos desafios ou virar as costas às chances existenciais de evoluir?

4. Autorresponsabilidade Retributiva

Conscienciografologia. – Quer retribuir a fartura de oportunidades que recebeu em sua existência? Escreva sem esmorecimento, colocando o seu ego a serviço da assistência mentalsomática.[9]

Definição. A *autorresponsabilidade retributiva* é o ato ou efeito de a consciência, homem ou mulher, responder pelos próprios recebimentos, aportes e benesses pró-evolutivas, por meio do reconhecimento, gratidão, devolução do patrimônio pessoal e interassistência aos demais.

Sinonímia: 1. Autorresponsabilização retribuidora. 2. Compromisso pessoal retributivo. 3. Retribuição lúcida. 4. Contraprestação consciente de aportes.

Antonímia: 1. Irresponsabilidade antidoadora. 2. Ingratidão egocêntrica. 3. Inadimplência retributiva. 4. Negligência na retribuição de aportes.

Autodoaciologia. A ideia principal deste capítulo pode ser sintetizada pelo *binômio recepção-doação.* A responsabilidade do intermissivista pelos recebimentos é imensa e a devolução em atos, atitudes e empreendimentos assistenciais é a estratégia de atendimento a essa autorresponsabilização retributiva (V. **Vieira,** Waldo; ***Dicionário de Argumentos da Conscienciologia;*** Foz do Iguaçu, PR: *EDITARES;* 2014; p. 315).

---

9 **Vieira,** Waldo. ***Léxico de Ortopensatas;*** Foz do Iguaçu, PR: *EDITARES;* 2014; p. 405.

Retornologia. Ao modo de fiel depositária, a consciência assume a responsabilidade de efetivar a *lei do retorno,* na medida em que assentiu perante o compromisso de retribuir os aportes recebidos no *Curso Intermissivo.* Trata-se de princípio pessoal no âmbito do paradever, ou seja, as obrigações que extrapolam quaisquer leis humanas intrafísicas em abrangência e complexidade (paracompromisso). É a jurisprudência das leis evolutivas, universais (Paradireito), que vão encontrar a consciência em qualquer momento e dimensão na qual se manifesta. Inadimplência perante o maximecanismo evolutivo é erro crasso.

Paradever. O *paradever* é a condição da consciência lúcida dos próprios compromissos, normas, princípios e paraleis justas, íntegras e retas, firmados com o desenvolvimento autoconsciente da evolução pessoal entrosada à evolução do grupo evolutivo (V. **Vieira,** Waldo; ***Paradever;*** Org.; ***Enciclopédia da Conscienciologia;*** Foz do Iguaçu, PR: *EDITARES/CEAEC;* 8ª Ed. Eletrônica; 2013; p. 7.943 a 7.946).

Voluntariologia. A realização de trabalho voluntário, fruto da vontade da consciência, é considerada uma das estratégias mais inteligentes e avançadas no âmbito da Retribuiciologia. Dedicar-se às tarefas interassistenciais sem retorno financeiro indica o patamar de lucidez já alcançado pelo indivíduo. A Conscienciologia vem desenvolvendo, ao longo de décadas, a própria estruturação e sustentabilidade física e ideativa, na condição de Neociência, com base no trabalho auto-habilitado de milhares de voluntários em diversificados países.

Instituição. A totalidade das 25 instituições de pesquisa e educação que compõe a *Comunidade Conscienciológica Cosmoética Internacional* (CCCI) (Data-base: fevereiro de 2017), apresenta corpo docente, equipe científica e conselho gestor compostos por voluntários. *Quem doa é o primeiro a receber.*

Autoradologia. Escrever livros úteis e esclarecedores sobre as complexas realidades da evolução consciencial é também outra modalidade altamente inteligente de exercitar o *binômio recepção-doação.*

Legado. Tentar imaginar a Humanidade sem o legado dos livros de milhões de consciências antecessoras que deixaram suas ideias inovadoras e seu conhecimento na História é quase impossível. Provavelmente nem existiríamos enquanto civilização planetária sem os livros dos filósofos gregos, dos pensadores romanos, dos copistas da Idade Média, dos ideólogos do Iluminismo, dos historiadores, cientistas, livres-pensadores e romancistas de todas as culturas e épocas.

Relevância. Para Vieira (2014), o cérebro humano e o livro constituem os objetos mais relevantes na dimensão intrafísica, na condição de repositórios da cognição humana (V. **Vieira,** Waldo; ***Dicionário de Argumentos da Conscienciologia;*** Foz do Iguaçu, PR: *EDITARES;* 2014; p. 206).

Retribuição. Os autores de livros da Conscienciologia doam integralmente os direitos da obra publicada às editoras desta Ciência, que vai reinvestir na edição de novos títulos, efetivando de maneira explícita a retribuição pelos aportes autorais recebidos. O primeiro exemplo é do próprio propositor da Conscienciologia ao doar todos os direitos autorais da vasta obra pessoal. Também essa autora se inclui neste privilegiado grupo de autores-voluntários.

Autorresponsabilidade. A primeira resposta da consciência lúcida quanto a ter assumido tarefas evolutivas previamente é buscar realizar as cláusulas da própria programação existencial. Cônscio dessa espécie de "pacote" recebido a cada nova existência, o indivíduo busca cumprir, ao máximo, os itens constantes na planilha pessoal de tarefas interassistenciais. Quem se leva a sério não desperdiça aportes existenciais.

Retribuir ***os bens recebidos por meio da realização de*** *tarefas esclarecedoras,* ***a exemplo da docência, da escrita de livros úteis e do voluntariado, torna evidente bom percentual de*** *inteligência evolutiva.*

Autoquestionamento. Como se situa você, leitor ou leitora, perante a devolutiva dos bens materiais e conscienciais recebidos nessa atual vida? Está inadimplente ou em dia com seus débitos evolutivos?

5. Senso de Utilidade Evolutiva

Útil. Na vida moderna complexa, com
causas e efeitos variegados e onipresentes,
saber distinguir o **útil** do *imprestável*
é a primeira demonstração de sabedoria.[10]

Definição. O *senso de utilidade evolutiva* é a condição consciencial íntima de autocerteza quanto a possuir alguma tarefa existencial útil a ser realizada, em prol da Humanidade, impulsionando a consciência à produtividade assistencial (**Manfroi,** Eliana; ***Senso de Utilidade Evolutiva;*** verbete; In: **Vieira,** Waldo; Org.; ***Enciclopédia da Conscienciologia;*** verbete apresentado no *Tertuliarium/ CEAEC,* Foz do Iguaçu, PR, em: 20.07.2014).

Sinonímia: 1. Senso de proficuidade evolutiva. 2. Senso de valia evolutiva. 3. Consciência da serventia evolutiva. 4. Tino de eficácia evolutiva.

Antonímia: 1. Sentimento de vazio existencial. 2. Consciência da improdutividade existencial. 3. Senso de aridez antievolutiva. 4. Senso de improficuidade.

Responsabilidade. O senso de utilidade evolutiva implica autorresponsabilidade e autoproficuidade perante as demandas interassistenciais e as necessidades evolutivas prioritárias.

---

10 **Vieira,** Waldo; ***Léxico de Ortopensatas;*** Foz do Iguaçu, PR: *EDITARES;* 2014; p. 1.671.

Intraconsciencialidade. A certeza íntima de ter algo importante a realizar na existência já é citada nas reflexões de inúmeros pensadores ao longo da História. Essa certeza pode ter sido o motor propulsor de grandes descobertas, invenções, obras e realizações de indivíduos que possuíam senso íntimo de não terem renascido apenas "a passeio".

Senso. Na Conscienciologia essa autoconvicção é estudada de maneira aprofundada e é conhecida como *senso de proéxis,* agregando, principalmente, a autoconsciência quanto ao planejamento pró-evolutivo e interassistencial do intermissivista para a atual vida humana.

Coloquiologia. Quem já não ouviu ou disse: *posso ser útil em alguma coisa?* A expressão, embora corriqueira, não representa a real disponibilidade de grande parte das consciências em servir, às demais, desinteressadamente.

Vontade. O senso de utilidade evolutiva está na base do trabalho voluntário, discutido no capítulo anterior, quando a consciência procura ser útil a partir da doação das próprias habilidades ou potencialidades a público-alvo com algum tipo de carência.

Diferencial. Distinguir o senso de utilidade evolutiva da *ansiedade existencial* torna-se fundamental no momento de a consciência definir seu megafoco e encaminhar as escolhas e decisões prioritárias.

Ansiosismologia. A *ansiedade existencial* é o estado afetivo de inquietação, desassossego, alvoroço, tensão constante e senso de urgência, geralmente caracterizado pela autopercepção de o indivíduo estar atrasado, inadimplente, devedor, retrógrado e acomodado em relação à programação existencial pessoal e grupal. Todavia algum nível de estressamento positivo, benéfico, é necessário para que a consciência evite permanecer no "ponto morto" evolutivo.

Dispersão. É provável que o agravo central desse padrão de ansiosismo antievolutivo esteja no risco da dispersão de esforços e energias pessoais. A urgência em realizar algo que sente ser importante, pode levar a consciência a assumir excesso de frentes de trabalho, pois na lógica da ansiedade existencial, entre as dúzias de tarefas assumidas, poderá estar a cláusula pétrea do seu projeto de vida, trazendo pseudoalívio para a insistente demanda interna.

Cláusula. Item essencial, imperdível da programação existencial, a cláusula pétrea determina o "cumprimento de determinado ato ou incumbência específica e indispensável na vida intrafísica, exigida ao proexista, homem ou mulher, e escolhida por si próprio no período intermisso pré-ressomático" (V. **Vieira,** Waldo; Org.; ***Cláusula Pétrea; Enciclopédia da Conscienciologia;*** Foz do Iguaçu, PR: *EDITARES/CEAEC;* 8ª Ed. Eletrônica; 2013; p. 2.801 a 2.804).

Açodamento. Espécie de chamamento interno, o senso de utilidade evolutiva, quando não identificado pela consciência, poderá desencadear a condição da dispersividade e ausência de foco quanto ao essencial, notadamente nesta *Era da Fartura*. Aceitar todos os convites e disponibilizar-se para muitas frentes de trabalho é, provavelmente, caminho para o açodamento e o incompletismo. A ansiedade é acalmada com a falsa sensação de a consciência "estar fazendo muito", porém talvez não o essencial.

O *SENSO DE UTILIDADE EVOLUTIVA* ***É A CERTEZA ÍNTIMA DE A CONSCIÊNCIA TER ALGO DE*** *PRIORITÁRIO A REALIZAR* ***NA ATUAL VIDA HUMANA, NOTADAMENTE AS RECICLAGENS E A*** *INTERASSISTÊNCIA*.

Autoquestionamento. Você, leitor ou leitora, possui certeza íntima de ter algo útil a realizar na vida atual? Em qual área de atuação? Considera já estar cumprindo a cláusula pétrea das próprias tarefas evolutivas?

6. Autoauditoria Existencial e *Técnica da Desambição*

Inventariologia. Quem inventaria não inventa moda. Sabe do que precisa.[11]

Definição. A *autoauditoria existencial* é o procedimento, método ou técnica utilizada pela consciência intermissivista lúcida, homem ou mulher, de inventariar, examinar, esquadrinhar, varrer e avaliar o próprio desempenho na consecução da proéxis e da produção de bens evolutivos, podendo ser realizada em qualquer etapa do ciclo vital (V. **Manfroi,** Eliana; ***Autauditoria Quinquagenária;*** verbete; In: **Vieira,** Waldo; Org.; ***Enciclopédia da Conscienciologia;*** Foz do Iguaçu, PR: *EDITARES/CEAEC;* 8ª Ed. Eletrônica; 2013; p. 1.235 a 1.240).

Sinonímia: 1. Autoinventário de vida. 2. Balanço existencial. 3. Autoauditagem da ressoma. 4. Autochecagem existencial.

Antonímia: 1. Auditoria institucional. 2. Heteroinventário existencial.

Autodiagnóstico. A técnica de autoinventariar-se pode ser realizada em diferentes estágios da vida. A autora desse livro fez esse autoexame aos 50 anos de idade, considerando diferenciados parâmetros, a exemplo dos 25 listados, passíveis de autoaplicação e reflexão, por parte do leitor ou

---

11 **Vieira,** Waldo; ***Léxico de Ortopensatas;*** Foz do Iguaçu, PR: *EDITARES;* 2014; p. 922.

leitora. Sugere-se ao leitor ou leitora avaliar-se perante as afirmações apresentadas em ordem alfabética (1 – pouquíssimo; 2 – pouco; 3 – mais ou menos; 4 – muito e 5 – muitíssimo):

01. **Anticonflitologia.** Possuo autoestima sadia e percentual razoável de anticonflitividade em relação ao autodesempenho da programação existencial.

02. **Autoevoluciologia.** Estou relativamente satisfeito com o saldo das autorrealizações na atual existência.

03. **Autoconfianciologia.** Caminho com autoconfiança pela vida, até o presente momento.

04. **Autodecidologia.** Autodecisões críticas são norteadas por bússola intraconsciencial e não somente por opiniões alheias.

05. **Autodeterminologia.** Tenho autodeterminação suficiente para levar as escolhas evolutivas até as últimas consequências cosmoéticas.

06. **Autopoliticologia.** Possuo autoclareza quanto à própria política pessoal evolutiva escolhida e os resultados daí advindos.

07. **Autopriorologia.** Construí reserva financeira suficiente para priorizar a proéxis pessoal e grupal.

08. **Auto-organizaciologia.** Consigo levar de eito as diversas responsabilidades assumidas na atual existência.

09. **Autorrecinologia.** Enfrento com destemor e vigor as reciclagens intraconscienciais necessárias à autoevolução.

10. **Autorrevezamentologia.** Caso dessome (morrer) amanhã, possuo certeza em deixar legado pessoal significativo e contributivo ao grupo evolutivo.

11. **Autotraf*o*rologia.** Identifico e aplico os autotraf*o*res (talentos e habilidades).

12. **Codigologia.** Já construí e aplico códigos pessoais de conduta compatíveis com meu atual patamar evolutivo.

13. **Conviviologia.** Respeito a singularidade consciencial e a inteligência dos compassageiros evolutivos.

14. **Cuidadologia.** Tenho adotado a *cultura do cuidado* nas inter-relações.

15. **Equilibriologia.** Invisto no parapsiquismo útil na mesma proporção da intelectualidade e comunicabilidade pessoais.

16. **Gesconologia.** Produzo gestações conscienciais esclarecedoras (a exemplo de livros) em número equivalente às autossuperações realizadas.

17. **Heterocriticologia.** Realizo heterocríticas construtivas e cosmoéticas na maioria das vezes.

18. **Interassistenciologia.** Tenho sido acolhedor, empático e orientador com as consciências necessitadas de auxílio.

19. **Liberologia.** Tenho liberdade de escolha e elevado percentual de livre arbítrio.

20. **Liderologia.** Assumo papéis de liderança, sem pusilanimidade, perante as demandas da proéxis.

21. **Neofilia.** Tenho perfil neofílico, aberto às novas experiências da ressoma.

22. **Parapedagogia.** Assumo a postura de semperaprendente, sem jactância.

23. **Polivalenciologia.** Encaro a polivalência pessoal e já possuo identidade interassistencial assumida.

24. **Psicossomatologia.** Cultivo relações interconscienciais de proximidade afetiva, inclusive com a dupla evolutiva (parceiro (a) afetivo-sexual).

25. **Retribuiciologia.** Já retribuo os aportes e oportunidades evolutivas recebidas.

Autoprioridades. O autodignóstico da propositora desse manual antidesperdício, a partir da própria auditoria existencial, foi o de estar desperdiçando aportes e oportunidades, mesmo estando com a enganosa sensação de estar alinhada à programação existencial e produzindo "muito". Redefinir autoprioridades evolutivas e realizar os ajustes necessários foram essenciais para recolocar o projeto de vida *nos trilhos*.

Desambição. A partir dos resultados da auditoria pessoal, talvez a principal técnica utilizada pela autora para a *correção de rumo,* considerando a programação existencial, tenha sido o desapego consciente a determinados vínculos, embora positivos e produtivos, mas que ainda não estavam convergentes ao megafoco dos compromissos evolutivos assumidos. Tal posicionamento foi denominado de desambição carreirística, pois no caso da autora, referiu-se à carreira profissional.

Definologia. A *desambição carreirística* é a qualidade ou estado da consciência lúcida, homem ou mulher, de desprendimento, abnegação, desapego e renúncia em relação à própria carreira profissional exitosa, ainda vigente, mediante demanda prioritária da programação existencial pessoal e grupal (V. **Manfroi,** Eliana; verbete; In: **Vieira,** Waldo Org.; ***Desambição Carreirística; Enciclopédia da Conscienciologia;*** Foz do Iguaçu, PR: *EDITARES/CEAEC;* 8ª Ed. Eletrônica; 2013; ps 3.884 a 3.888).

Sinonimologia: 1. Desprendimento profissional. 2. Priorização proéxica. 3. Renunciamento laboral. 4. Desapego carreirístico. 5. Despojamento cosmoético perante a profissão.

Antonimologia: 1. Apego à carreira. 2. Priorização da profissão. 3. Carreirismo.

Sucesso. A ideia de *sucesso evolutivo* é bem mais ampla que o conceito de *sucesso profissional.* Abrir mão do *dream work* pode significar, em alguns casos, escolher a carreira de profissional da assistência pró-evolutiva. Longe de significar voto de pobreza e vida "alternativa", é antes a priorização e auto-organização máximas para, na maturidade, ganhar a liberdade para investir tempo, dinheiro e energias no sucesso da proéxis, o completismo existencial.

Compléxis. O *completismo existencial* é a condição confortável da completude da realização satisfatória da proéxis da consciência, planejada antecipadamente durante o período intermissivo (V. **Vieira;** Waldo; ***Manual da Proéxis;*** Rio de Janeiro, RJ: *IIPC;* 1998; p. 116).

Algemas. A expressão popular "algemas de ouro" denota a condição do trabalho bem remunerado, mas ainda aprisionador da consciência à profissão em detrimento de outros investimentos evolutivos essenciais (**Eliachar,** Karina; ***Algema de Ouro;*** verbete; In: **Vieira,** Waldo; Org.; ***Enciclopédia da Conscienciologia;*** verbete apresentado no *Tertuliarium / CEAEC,* Foz do Iguaçu, PR, em: 07.07. 2014).

Exemplo. É reconhecido mundialmente o caso do executivo estadunidense da *Microsoft,* John Wood (1930–2011), ao deixar a carreira de executivo na estelar empresa de tecnologia. Wood rompeu com as "algemas" e tornou-se o fundador da organização sem fins lucrativos, *Room to Read* (2000), presente no Nepal, Vietnã, Camboja, Índia, Sri Lanka, Laos e África do Sul, imbuída em disseminar bibliotecas e escolas.

Autobiografia. O livro de conteúdo autobiográfico, *Saí da Microsoft para Mudar o Mundo,* traz o relato dessa desambição quanto à carreira convencional, mas evidencia a motivação plena em contribuir com a Humanidade em demanda essencial: a Educação (V. **Wood,** John; ***Saí da Microsoft para Mudar o Mundo;*** Rio de Janeiro, RJ: *Sextante;* 2007; p. 63).

Conviviologia. Nem sempre essa escolha é compreendida. Observa-se, por exemplo, 6 reações típicas de colegas de trabalho, chefes, amigos e familiares da consciência desambiciosa profissionalmente, perante o afastamento definitivo da carreira de sucesso, listadas em ordem provável de ocorrência:

1. **Espanto:** *"fulana pediu demissão"; "não pode ser verdade".*

2. **Desdém:** *"saiu, ia ser demitida mesmo"; "virou fanática"; "enlouqueceu".*

3. **Comiseração:** *"coitada, vai se arrepender"; "fez a maior besteira da vida".*

4. **Inveja:** *"pessoa de sorte"; "queria poder fazer o mesmo"; "qualquer dia, chego lá".*

5. **Admiração:** *"corajosa"; "verdadeira lição aos colegas"*.

6. **Entendimento:** *"vai ser voluntária"; "tem outro projeto de vida"*.

Caracterologia. O perfil da consciência desapegada quanto à carreira pode apresentar, por exemplo, 10 características intraconscienciais, facilitadoras e / ou impulsionadoras da desambição carreirística. Vale o leitor ou leitora interessados na técnica, checar o próprio perfil desambicioso:

01. **Assertividade evolutiva.**

02. **Autoconfiança.**

03. **Autoestima sadia.**

04. **Automotivação interassistencial.**

05. **Auto-organização.**

06. **Decidofilia** (firmeza nas decisões).

07. **Destemor inteligente.**

08. **Inteligência financeira.**

09. **Megafoco proéxico.**

10. **Voliciofilia** (vontade férrea).

Proéxis. Importa ressaltar o fato de nem toda profissão ser necessariamente a proéxis pessoal. Contudo, há situações nas quais a atividade profissional pode funcionar ao modo de ponte ou coadjuvante do projeto existencial. A lucidez para realizar tal distinção é desenvolvida pela autopesquisa profunda e pela assunção do papel de minipeça dentro do maximecanismo evolutivo.

Lucidez. A realização da *técnica da desambição carreirística* exige lucidez, auto-organização e maturidade por quem a adota. Abrir mão de algo que a Sociedade valoriza e incentiva, não é decisão fácil e todas as suas consequências devem ser ponderadas e previstas. A autodeterminação e o senso íntimo quanto à carreira evolutiva prioritária embasam a aplicação da técnica.

Indicação. Não é objetivo deste livro a prescrição irrestrita dessa estratégia, e nem o foco da autora, por ser ela própria uma desambiciosa da carreira profissional. Contudo, a identificação de pessoas próximas que também fizeram essa opção e os resultados interassistenciais advindos, reafirmam o acerto da escolha. No entanto, apesar de ainda não ser factível para todos os intermissivistas, já pode ser a opção lúcida para muitos.

O ROMPIMENTO DAS "ALGEMAS DE OURO" DENOTA PERCENTUAL IMPORTANTE DE *INTELIGÊNCIA EVOLUTIVA* ***MANIFESTADA PELA CONSCIN PROFISSIONAL ABNEGADA, PORÉM AMBICIOSA ACERCA DA*** *CARREIRA EVOLUTIVA*.

Autoquestionamento. Você, leitor ou leitora, já fez a auditoria da própria vida, não importando sua idade? Quais os resultados? Considera que, aliada à carreira pessoal, possa estar a do profissional da assistência, por meio do voluntariado cosmoético?

7. Vida Hipercrítica

Autodeterminação. O desperdício de oportunidades evolutivas nas vidas humanas consecutivas, depois da identificação da retrovida crítica pessoal, demonstra falta de autodeterminação da consciência.[12]

Definição. A *vida crítica* é a ressoma, a existência intrafísica da consciência, homem ou mulher, na qual houve significativos acertos ou menos erros e omissões, com repercussões para elevado número de indivíduos, influenciando as vidas sucessivas de todos os envolvidos.

Sinonímia: 1. Existência crítica. 2. Vida decisiva. 3. Ressoma divisora de águas.

Antonímia: 1. Vida comum. 2. Existência medíocre. 3. Ressoma incipiente.

Premissa. A afirmação de Waldo Vieira de a atual vida ter o valor de 15 prévias é indicativa da importância da atual existência megacrítica.

Evolução. A vida crítica de uma consciência tem influência na sua *Ficha Evolutiva Pessoal* (FEP), *dossiê* individualizado com o saldo de seus acertos evolutivos ao longo das existências humanas. A qualidade desse *portfólio autoevolutivo* pode ter sido fundamental para o acesso ao primeiro

12 **Vieira,** Waldo; Vieira. ***Léxico de Ortopensatas;*** Foz do Iguaçu, PR: *EDITARES;* 2014; p. 188.

Curso Intermissivo registrado neste Planeta. É provável que a retrovida crítica assistencial tenha sido o passaporte ao curso pré-ressomático aos atuais intermissivistas (V. **Vieira,** Waldo; ***Léxico de Ortopensatas;*** Foz do Iguaçu, PR: *Associação Internacional Editares;* 2014; p. 1.471 e 1.472)

Relevância. Saber das retrovidas críticas parece ter relevância apenas se for para enriquecer a existência atual, a exemplo da identificação da habilidade pró-evolutiva ociosa, aguardando aplicação lúcida e útil. Contudo, a atual existência deixa de ser apenas crítica. É *hipercrítica.*

Definição. A *vida hipercrítica* é a atual existência dos intermissivistas, no Século XXI, com a fartura de aportes e oportunidades existenciais disponíveis em escala nunca antes vista na trajetória evolutiva desse orbe (V. **Vieira,** Waldo; ***Léxico de Ortopensatas;*** Foz do Iguaçu, PR: *Associação Internacional Editares;* 2014; p. 1.063, 1.068 e 1.575).

Sinonímia: 1. Existência atual hipercrítica. 2. Ressoma de megaimpacto evolutivo.

Antonímia: 1. Vida hipermedíocre. 2. Existência evolutivamente *morna.*

Afinidades. Os interesses pessoais e afinidades na vida humana atual constituem indícios da retrovida crítica da consciência. Tal vida pregressa pode ser a raiz das atuais ideias inatas e dos acertos pessoais, assim como também das intolerâncias e aversões atuais. O "jeitão de ser" da pessoa, seu temperamento, espelham as existências pregressas pelo fato de portarmos o mesmo conjunto de memórias (holomemórias), habilidades e também as imaturidades a serem superadas (V. **Fernandes,** Pedro; ***Retrovida Crítica;*** verbete; In: **Vieira,** Waldo; Org.; ***Enciclopédia da Conscienciologia;*** verbete apresentado no *Tertuliarium/CEAEC,* Foz do Iguaçu, PR, em: 18.06.2016).

Omissão. Tão importante quanto o que a consciência realizou durante uma existência crítica, evolutivamente favorável, é o que ela deixou de fazer, aquilo que poderia ter feito e *amarelou.* Trata-se da omissão deficitária. Poderia ter acertado mais.

Paradoxo. Por outro lado, o conceito de *omissão superavitária* (omissuper) preconiza o fato de, quando em determinada existência, devido ao

Zeitgeist, aos valores vigentes e ao nível evolutivo pessoal, a consciência poderia cometer mais erros, desvarios e *não os fez.* Poderia ter errado mais, mas não errou.

Clivagem. As vivências de situações críticas podem desencadear o processo da clivagem evolutiva, que é a vivência da consciência, intra ou extrafísica, de fato e autodecisão contundente, incisiva, promotora de cisão, separação e diferenciação no próprio *continuum* existencial, ao modo de *antes* e *depois* da experiência evolutivamente crítica. (V. **Manfroi,** Eliana; ***Clivagem Evolutiva;*** verbete; In: **Vieira,** Waldo; Org.; ***Enciclopédia da Conscienciologia;*** verbete apresentado no *Tertuliarium/CEAEC,* Foz do Iguaçu, PR, em: 04.09.2013).

Exemplo. Eis, na condição de exemplos, listados em ordem alfabética, 8 possíveis vivências da consciência, passíveis de promover a clivagem evolutiva com distintas decorrências existenciais:

1. **Decisão.** As autodecisões magnas alinhando o eixo da proéxis.

2. **Encontro.** Os *encontros de destino* que mudam rumos evolutivos.

3. **Hábitos.** A mudança radical, compulsória, dos próprios hábitos e rotinas.

4. **Maxidissidência.** A saída de grupo restringidor da liberdade de expressão.

5. **Moratória.** A sobrevivência ao acidente quase fatal.

6. **Neoperspectiva.** A reperspectivação da própria existência perante neoideias.

7. **Reciclagem.** A doença somática, grave, autorrecicladora.

8. **Valores.** O choque axiológico renovando valores pessoais.

Fartura. Vale o leitor ou leitora refletirem acerca de, especificamente, 8 argumentos contundentes, selecionados pela autora, sustentadores da hipótese da atual **vida hipercrítica,** trazidos por Vieira (V. **Vieira,** Waldo; *Dicionário de Argumentos da Conscienciologia;* Foz do Iguaçu, PR: *EDITARES;* 2014; p. 163, 208, 464, 756, 819, 877 e 1.002):

1. *"Jamais desfrutamos em vidas humanas passadas, neste Planeta, tanta fartura de leituras, abordagens e pesquisas como neste Século XXI. É hora de aproveitar com critério, auto e heterocrítica, as fontes da mentalsomaticidade."*

2. *"Jamais desfrutamos, em vidas humanas pretéritas, através da fieira dos milênios, de tantos fatores convergentes de incremento da evolução consciencial, ao mesmo tempo. Nunca foi tão relevante a autovivência com autorganização como agora, no Século XXI. Aí assenta-se o binômio megafoco-megaprioridade."*

3. *"Em tempo algum, como agora, enfrentamos tantos desafios de expansão consciencial por meio das prioridades evolutivas evidentes e à mão, imperdíveis. Vale o autesforço das autorreflexões a respeito. Os fatos e parafatos estão aí, à frente, inarredáveis. Acabou a hora de tergiversar."*

4. *"A vida intrafísica nunca exigiu tanta análise de conteúdo das prioridades evolutivas como atualmente, no Século XXI, em função das complexidades tecnológicas da vida moderna."*

5. *"Assim, a Neociência Conscienciologia, assentada no neoparadigma da consciência, em si, e nas energias conscienciais (ECs) –, as duas realidades ou pararrealidades básicas do Cosmos, compõe o Corpus de neoverpons como jamais existiu na História da Humanidade, muito além das Ciências, Filosofias, Religiosidades, Políticas, Desportos, Artes e Artesanatos que vêm governando pessoas, etnias e Nações, através dos milênios."*

6. *"Devido à Reurbanização Extrafísica (Reurbex) do Planeta Terra, e a consequente Reurbanização Intrafísica (Reurbin), Reciclagem Terrestre, ou desta dimensão humana, o intercâmbio interdimensional atual da Humanidade, embora não tenha tanta visibilidade, é o mais intenso em toda a História (Era da Aceleração da História Humana)."*

7. *"Às 3 e 15 de silenciosa madrugada, senti a presença da Serenona, de codinome "Monja", que telepatizou: – Em toda a História Humana, nenhuma consciência, inclusive essas que você chama de Serenões, chegou a deixar o legado do corpus de conhecimentos multidimensionais da Conscienciologia*

para a Humanidade. Olhe as suas responsabilidades pessoais no contexto desse empreendimento com os seus voluntários."

8. *"Neste Século XXI, Terceiro Milênio, vivemos a Era da Fartura, por isso, o mais inteligente e consentâneo com o Zeitgeist, é atuarmos com o mentalsoma no máximo de nossa abordagem e criatividade, expandindo os nossos ortopensenes,*[13] *inclusive heterecríticos."*

A ATUAL *VIDA HIPERCRÍTICA* **DEMANDA PONDERAÇÃO** E *PLANEJAMENTO* **MÁXIMOS. OS ERROS E OMISSÕES, NESSA CONDIÇÃO, PESAM 15 VEZES MAIS. O MESMO VALE PARA OS** *ACERTOS E AS AUTOSSUPERAÇÕES*.

Questionologia. Você, leitor ou leitora, avalia a importância da *capitalização evolutiva* da atual ressoma? Considera, na *economia existencial,* a alta rentabilidade dos acertos cosmoéticos atuais?

---

13 O ortopensene é o *pen*samento+*sen*timento+*ene*rgia (pensene) cosmoético e fraterno da consciência.

SEÇÃO II
DESPERDICIOLOGIA

8. *Era do Desperdício*

Autodiscernimento. Não se aproveita tudo na vida, no entanto, não se pode manter capacidades ociosas. Se a pessoa é polivalente, acaba desperdiçando algo, porém não é inteligente o desperdício do **essencial.**[14]

Desperdício. O *desperdício* é o ato ou efeito de desperdiçar, gastar exageradamente ou esbanjar valores evolutivos sem critério nem proveito (V. **Vieira,** Waldo; Org.; ***Desperdício; Enciclopédia da Conscienciologia;*** Foz do Iguaçu, PR: *EDITARES/CEAEC;* 2013; p. 3.977 a 3.980).

Definologia. A *Era do Desperdício* é a época histórica ou o período de tempo hipoteticamente iniciado a partir do final do Século XX, caracterizado pelo esbanjamento, gastança de recursos e subsídios de toda ordem, disponíveis à população humana.

Sinonímia: 1. *Era do Perdularismo.* 2. *Era da Gastança.* 3. *Era da Imprudência.* 4. Ciclo do desperdício.

Antonímia: 1. *Era da Fartura.* 2. *Era da Abastança.* 3. *Era da Reciclagem.* 4. Ciclo do reaproveitamento.

Paradoxo. A constatação de a atual *Era da Fartura* conviver com a *Era do Desperdício* é paradoxal. A civilização produz bens de consumo em larga escala, mas ao mesmo tempo desbarata tal produção sem critérios racionais.

---

14 **Vieira,** Waldo; ***Léxico de Ortopensatas;*** Foz do Iguaçu, PR: *EDITARES;* 2014; p. 192.

Planeta. Desde o início do Século XXI, cientistas ambientais, economistas, sociólogos e pensadores globais têm reiterado o fato de estarmos consumindo as reservas planetárias de recursos para a sobrevivência humana (e também da sobrevivência das outras espécies). A Humanidade serve-se tal qual em *banquete planetário* até não haver mais nada para consumir. Pelo desperdício da aparente fartura dos recursos naturais, pode-se morrer de inanição em futuro próximo (V. **Oliveira,** Gesner; ***O Fim da Era do Desperdício;*** *Veja;* São Paulo, SP: *Editora Abril,* 06.08.2014; p. 17 a 21).

Pegada. O suíço Mathis Wackernagel (1962–) cuja tese de doutoramento trouxe o conceito de *ecological footprint* (pegada ecológica), alerta para o fato de a Humanidade estar entrando pesado no *cheque especial planetário,* gastando 20% a mais da capacidade de renovação dos próprios recursos. Para Wackernagel, ou reduzem-se as despesas (consumo) ou aumenta-se a receita (Planeta). É evidente o fato de não podermos expandir a Terra, exceto colonizando outros planetas. A solução é o corte de gastos supérfluos e desperdícios de todo tipo.

Ferramenta. A pegada ecológica propõe uma ferramenta que calcula a quantidade de recursos naturais consumidos em comparação com os recursos disponíveis. Cerca de 4 séculos atrás, o economista britânico Thomas Malthus (1766–1834) já alertava sobre o crescimento populacional, no futuro, sobrepujar a capacidade de alimentar tantas bocas. Em 2050, segundo a ONU, serão mais de 10 bilhões de bocas para nutrir. As pesquisas alertam que metade da produção de alimentos produzidos no Planeta é desperdiçada.

Modernidade. O sociólogo polonês Zygmunt Bauman (1925–2017) é o propositor da abordagem sobre a *Modernidade Líquida* (2001) e a atual *Vida Líquida* (2009) (títulos de 2 de seus muitos livros). A metáfora relaciona a *fluidez* da Sociedade no final do Século XX e início do XXI, marcada pela instabilidade das instituições, dos valores e princípios do mundo pós-moderno (V. **Zygmunt,** Bauman; ***Modernidade Líquida;*** Rio de Janeiro, RJ: *Zahar;* 2001; p. 7 a 12).

Consumo. Bauman argumenta que a condição atual de excesso de possibilidades de escolha gera ansiedade e angústia, devido à impermanência de tudo – desde objetos até relacionamentos humanos. Exemplo dessa fluidez é o hiperconsumismo e o descarte permanente para que nova aquisição seja feita, num ciclo interminável de consumo, geração de lixo e dilapidação dos recursos planetários.

Lixo. Para o sociólogo, o lixo produzido em escala gigantesca constitui o mais farto produto da *sociedade líquido-moderna de consumo.* Lixo não é apenas o resíduo sólido, a exemplo da geladeira que ficou *obsoleta,* mas também quando relacionamentos, valores e modelos de comportamento são vorazmente consumidos e descartados.

Auto-obsolescência. Tornar-se obsoleto, ser descartado é o temor dessa modernidade líquida, levando os indivíduos a buscarem compulsivamente a *roupa da moda,* o *cabelo do momento,* o *carro do ano* e, principalmente, o *modelo de comportamento* em voga, que vai tornar a pessoa "visível e diferenciada" na multidão de seres *iguais.*

Validade. A *Era do Desperdício* pode ser caracterizada pela *cultura do prazo de validade:* consumir muito, imediatamente, descartando em seguida, pois amanhã haverá algo melhor para ser comprado. Produtos, comportamentos e estilos de vida têm *prazo de vencimento* cada vez menor.

Desejo. Na base desse ciclo vicioso está a *cultura do hedonismo* da atual *Era da Gastança.* É a satisfação imediata dos desejos, dos impulsos e das vontades sem a reflexão sobre a utilidade evolutiva de todo esse consumo.

Excesso. Bauman sintetiza a atual confusão de valores e de comportamentos da modernidade líquida na expressão: *o excesso já não parece excessivo, nem o desperdício parece perda.* É a voracidade hedonista.

Efeitos. O excesso (fartura) e o desperdício, quando colocados lado a lado, em interação, podem gerar uma conexão desastrosa. Contudo, os efeitos evolutivos podem ser ainda mais devastadores quando se referem ao autodesperdício.

Definição. A *interação fartura-desperdício* é a influência mútua ou ação recíproca das condições de fartura material, informacional e de oportunidades evolutivas na contemporaneidade, e a resposta de despriorização, negligência, banalização e desperdício das conscins incautas, homens ou mulheres, integrantes da Sociedade Intrafísica Patológica (V. **Manfroi,** Eliana; ***Interação Farturologia-Desperdiciologia;*** verbete; In: **Vieira,** Waldo; Org.; ***Enciclopédia da Conscienciologia;*** verbete apresentado no *Tertuliarium/CEAEC,* Foz do Iguaçu, PR, em: 13.12.2013).

Sinonímia: 1. *Interação prodigalidade-perdularismo.* 2. *Interação Era da Fartura–Era do Esperdício.* 3. *Binômio opulência-esbanjamento.*

Antonímia: 1. *Interação recebimentos-retribuições.* 2. *Interação escassez-desperdício.* 3. *Antagonismo Carenciologia / Farturologia.*

Megadescarte. Considerando a avalanche tecnológica crescente, a Humanidade tem se deparado com o desafio do *binômio hiperconsumo-megadescarte.* É comum encontrar em lojas de telefones móveis, por exemplo, dispositivos para descarte dos aparelhos provavelmente comprados na mesma loja. Paradoxo: o mesmo local que vende o bem durável já tem local para colocar o mesmo produto no lixo, pouco tempo depois.

Farturolândia. É a *Farturolândia* transformada em *Desperdiciolândia.*

Falência. Em geral, é frequente o registro de grandes gastos, mas é a soma dos pequenos desperdícios que levam uma empresa ou uma programação existencial à falência.

Tipologia. Em meio a toda essa realidade, o desperdício consciencial é o mais deletério dos esbanjamentos. No próximo capítulo são discutidos 4 tipos de perdularismo com efeitos antievolutivos evidentes: tempo, dinheiro, talentos e autorreflexões.

A *INTERAÇÃO FARTURA-DESPERDÍCIO* ***VEM ELUCIDAR O ATUAL MOMENTO DA SOCIEDADE, VINCADO PELO*** *ANTIDISCERNIMENTO* ***PERANTE A MEGAOPORTUNIDADE DE ACELERAÇÃO EVOLUTIVA E*** *RECICLAGEM* ***PLANETÁRIA.***

Autoquestionamento. Você, leitor ou leitora, identifica no próprio comportamento o hiperconsumismo?

9. Tipologia dos Desperdícios Antievolutivos

Tempo. O **tempo** é um patrimônio seu. Cada dia tem 1.440 minutos. Cada minuto é moeda única. – "De que modo você emprega tal tesouro?"[15]

Relevância. Relacionar todos os tipos de desperdícios da contemporaneidade exigiria um novo livro. A escolha dos 4 desenvolvidos neste capítulo privilegiou a relevância de tais aspectos perante a vida hipercrítica atual, na visão da autora. **Tempo e dinheiro,** os dois primeiros apresentados, ainda que um tanto intrafísicos, podem colocar a perder uma programação existencial, se mal administrados. Os dois outros, **talentos e autorreflexões,** estes de natureza intraconsciencial, são recursos essenciais para a completude do projeto de vida evolutivo, pois constituem espécie de bússola onde a consciência pode encontrar o *norte evolutivo* pessoal, as diretrizes da autoprogramação existencial.

DESPERDÍCIO DE TEMPO

Convenção. A sensação de não ter tempo para nada permeia a existência de grande parte das consciências. O tempo é convenção humana, intrafísica, para organizar a sucessão de eventos no passado, presente e futuro. Todavia, o único *tempo* passível de atuação consciencial objetiva é o presente.

15 **Vieira,** Waldo; ***Léxico de Ortopensatas;*** Foz do Iguaçu, PR: *EDITARES;* 2014; p. 1.609.

Oportunidade. Nos dicionários é possível encontrar uma das mais esclarecedoras acepções do vocábulo em estudo: *oportunidade para realização de alguma coisa.* Em relação à proéxis é exatamente esse conceito que interessa ao intermissivista atilado.

Medo. O medo de realizar uma tarefa pode consumir mais tempo e energia do que a efetivação da atividade. Qual o traço consciencial que está na raiz do desperdício de tempo intrafísico e intraconsciencial? Autodesorganização? Despriorização? Ausência de foco? Medo do êxito e da responsabilidade que tal situação pode acarretar?

Procrastinação. Procrastinar pode encobrir temor da crítica e / ou a autodesculpa para o argumento de que determinada tarefa deixou a desejar, não foi tão bem realizada pois "foi feita em cima da hora".

Desculpa. A ideia autoenganosa de trabalhar melhor sob pressão é um dos lemas dos sabotadores de tempo. Cumprir prazos no último minuto pode indicar vício em adrenalina.

Tarefas. Outra atitude desperdiçadora de tempo e energia é interromper a realização de uma tarefa (quando poderia ter prosseguido até a conclusão) e ter que recomeçar o trabalho. Completar o que se inicia, sempre que possível, é autodesassediador, pois libera a autopensenidade, a mente, para novos desafios, deixando espaço intraconsciencial para as neoideias.

Eficiência. Recuperar informações necessárias que estão desorganizadas pode representar dreno de tempo útil para a produtividade. Daí a importância da auto-organização para encontrar imediatamente os registros, materiais e documentos necessários. O leitor ou leitora já perdeu horas procurando aquela pasta ou aquele documento que, *tinha certeza de estar ali, em algum lugar,* na montanha de papéis à sua frente?

Benesses. Os benefícios da organização só podem ser compreendidos pela conscin auto-organizada, quando obtém a máxima produtividade na aplicação do próprio tempo.

Técnicas. É relativamente fácil encontrar nas livrarias dezenas de livros com técnicas para fugir à *armadilha do tempo*. Difícil é adquirir e manter neo-hábitos e rotinas proficientes.

Discernimento. Contudo a mais avançada das tecnologias será inócua para resolver a ausência do atributo básico dos cronocidas: o discernimento quanto à importância do aproveitamento evolutivo do tempo em plena vigência de vida humana hipercrítica (V. **Mackenzie,** Alec; ***A Armadilha do Tempo: Como Implantar Plano de Ação Individual e Coletivo para o Melhor Aproveitamento do Tempo;*** São Paulo, SP: *Makron, Mcgraw Books;* 1991; p. 228 a 245).

Comportamento. Caso um pesquisador acompanhasse você, leitor ou leitora, hipoteticamente, durante uma semana observando todas as suas atividades e, sem conhecer sua intencionalidade, o que poderia afirmar sobre suas prioridades, a partir da observação do seu aproveitamento do tempo?

Recurso. O tempo é recurso existencial e, a maneira pela qual a consciência investe esse "ativo", dá indícios sobre os seus valores e o que realmente é importante para ela. O modo pelo qual uma pessoa aplica seu tempo é forte indicador do que realmente é prioritário em sua existência.

Desperdício. O pesquisador do hábito humano de procrastinar, Piers Steel (1967–), refere no livro *A Equação de Deixar para Depois* (2012), que as horas antes desperdiçadas sem a menor preocupação, passam a ser cada vez mais limitadas e preciosas. Horas esbanjadas, segundo o autor, quando somadas, podem dar a sensação que a vida está sendo desperdiçada. Infelizmente, não se trata apenas de sensação, mas de constatação (V. **Steel,** Piers. ***A Equação de Deixar para Depois;*** Rio de Janeiro, RJ: *BestSeller;* 2012; p. 16 e17).

Autoquestionamento. Vale o leitor ou leitora perguntar-se: quais as prioridades evolutivas nas quais deveria estar investindo o próprio tempo?

DESPERDÍCIO DE DINHEIRO

Valor. Assim como o tempo, o dinheiro é recurso quantificador dos valores pessoais. Quem tem proéxis e leva tal condição a sério, não desperdiça recursos financeiros.

Comportamento. Onde você, leitor ou leitora, aplica seu dinheiro, pode dizer muito sobre o que considera essencial na existência. A vida financeira da consciência intrafísica deveria ser gerida por critérios racionais e evolutivos. Contudo, o comportamento humano em relação às finanças pessoais tem sido mais comandado pelo psicossoma (emoção) e menos pelo mentalsoma (racionalidade).

Proéxis. A *inteligência financeira proexogênica* é a capacidade de a conscin, homem ou mulher, aplicar as funções cognoscitivas, o discernimento e a habilidade em lidar com finanças, visando a aquisição, conservação e multiplicação dos recursos financeiros voltados à consecução da programação existencial (proéxis) pessoal e grupal (V. **Leite,** Hernande; ***Inteligência Financeira Proexogênica;*** verbete; In: **Vieira,** Waldo; Org.; ***Enciclopédia da Conscienciologia;*** Foz do Iguaçu, PR: *EDITARES/CEAEC;* 8ª Ed. Eletrônica; 2013; p. 6.114 a 6.123).

Patrimônio. Desenvolver esse tipo de inteligência é fundamental aos intermissivistas antidesperdiçadores. Investir na autoevolução pessoal e grupal, é a melhor destinação possível dada ao próprio dinheiro, que a exemplo do tempo, é meio para a evolução e não a sua finalidade.

Ralo. Os comportamentos psicossomáticos de consumo são caracterizados pela aquisição de bens sem discernimento. Comprar por impulso e não adiar desejos e satisfações, que vão estourar o orçamento, é *puxar o próprio tapete.*

Teste. Fica o desafio para o leitor ou leitora, responder as 12 questões propostas sobre os próprios hábitos de consumo e tirar as autoconclusões:

01. Adquire mais roupas do que consegue usar?

02. Compra equipamentos domésticos que ficam guardados no armário?

03. Vai a *shoppings* consumir quando está solitário, entediado ou triste?

04. Presenteia pessoas fora de datas comemorativas para agradar ou por culpa?

05. Redecora a casa a cada 12 meses apenas para "renovar" o ambiente?

06. Faz *empréstimos* para pagar *empréstimos*?

07. Perde o controle do cartão de crédito, pagando apenas o valor mínimo?

08. Há mais de 1 ano não consegue poupar nada no final do mês?

09. Privilegia a troca de automóvel a contratar seguro ou plano de saúde?

10. Adquire, por vezes, inutilidades por não resistir às liquidações?

11. Planeja as próprias compras? Leva lista do essencial ao supermercado?

12. Joga alimentos no lixo por deixar vencer o prazo de validade?

Autoinvestimento. Aplicar recursos financeiros na autoqualificação e na interassistência demonstra razoável percentual de *inteligência evolutiva.* Eis, enquanto exemplos, 8 sugestões de investimentos proexogênicos, listados alfabeticamente:

1. **Auto-organização.** Buscar auto-organizar-se financeiramente para presentear a si e a outros, sem culpa.

2. **Autorado.** Patrocinar o próprio livro esclarecedor, doando também os direitos autorais.

3. **Empreendedorismo.** Realizar mecenato cosmoético, financiando empreendimentos evolutivos.

4. **Honestidade.** Assegurar-se quanto à origem dos proventos, recebendo dinheiro *limpo.*

5. **Livros.** Adquirir livros e outros artefatos do saber para ampliar a erudição pessoal.

6. **Previdência.** Providenciar reserva financeira para imprevistos.

7. **Viagens.** Investir, se possível, em viagens de auto e heteropesquisa.

8. **Voluntariado.** Custear o próprio trabalho voluntário em instituição pró-evolutiva.

Autoquestionamento. Há melhor retorno da aplicação útil do patrimônio financeiro de uma consciência que o investimento na própria evolução?

DESPERDÍCIO DE TALENTOS

Reveses. As adversidades podem cumprir papel paradoxal na existência da consciência. Os reveses, em alguns casos, constituem oportunidades para a recuperação dos talentos adormecidos.

Autodesperdício. Possuir habilidades, competências, inteligências específicas e não aplicar tais recursos pessoais, nem a seu favor, e muito menos a favor de outros, caracteriza a *consciência ignorante* crassa. Desperdiçar tra*f*ores, os talentos evolutivos, é um dos maiores perdularismos na *Era da Fartura.*

Rendimento. Talentos podem ser divididos em duas categorias:

1. **Improfícuos:** onerosos, ociosos, infrutíferos.

2. **Profícuos:** rentáveis, produtivos, frutíferos.

Ociosidade. O *trafor ocioso* é o traço-força ou componente positivo do microuniverso da consciência mantido inativo, estéril, subutilizado, improfícuo, enfraquecido, abandonado, latente na manifestação intraconsciencial e negligenciado na dinamização das reciclagens evolutivas da autoproéxis (V. **Rossa,** Dayane; ***Trafor Ocioso;*** verbete; In: **Vieira,** Waldo; Org.; ***Enciclopédia da Conscienciologia;*** Foz do Iguaçu, PR: *EDITARES/CEAEC;* 8ª Ed. Eletrônica; 2013; p. 10.618 a 10.623).

Inteligência. Parafraseando a jornalista estadunidense Barbara Strauch (1951–2015), os indivíduos de todas as idades possuem, no Século XXI, *o melhor cérebro de todas as suas vidas.* As pessoas estão cada vez mais inteligentes, taquipsíquicas e, paradoxalmente, muitas delas desperdiçando boa parte de tais habilidades cognitivas (V. **Strauch,** Barbara; ***O Melhor Cérebro da sua Vida: Segredos e Talentos da Maturidade;*** Rio de Janeiro, RJ: *Zahar;* 2011; p. 37 a 41).

Paradoxo. Verifica-se a situação paradoxal de as consciências mais inteligentes e talentosas poderem ser as mais desperdiçadas, devido à polivalência e a dispersividade frente a tantas possibilidades de fazer quase tudo *bem feito,* faltando a lucidez para priorizar o evolutivamente relevante. Tal *cegueira* pode ter sua raiz na jactância e no orgulho pessoal.

Pesquisa. O psicólogo Alexander Penney (PhD), da Universidade MacEwan, do Canadá, vem publicando pesquisas sobre a relação entre quociente de inteligência (QI) elevado e a ansiedade. O pesquisador entrevistou estudantes universitários e descobriu que aqueles com QI mais alto relatavam se sentir mais ansiosos.

Sensatez. Em síntese, as pesquisas concluíram que uma maior inteligência não equivale, necessariamente, a ter discernimento para tomar decisões mais sensatas e sábias (V. **Robson,** David; ***O Surpreendente Lado Ruim de Ser Inteligente;*** disponível em: http://www.bbc.com/portuguese/noticias/2015/04/150417_vert_Lado_ruim_inteligencia_ml; acesso em 14.05.16).

Armadilha. Em geral, a versatilidade da consciência polivalente caracteriza os intermissivistas, representando risco elevado ao autodesperdício dos talentos. Os egressos da qualificação pré-ressoma acessaram uma vaga no *Curso Intermissivo* pelo fato de ter realizado, em vida pregressa, algum tipo de assistência às outras consciências. As habilidades cognitivas e a diversidade de experiências, muitas em papéis de liderança acumuladas em sucessivas existências, forjaram a polivalência dos intermissivistas (V. **Vieira,** Waldo; ***Parapolimatia;*** verbete; In: **Vieira,** Waldo; Org.; ***Enciclopédia da Conscienciologia;*** Foz do Iguaçu, PR: *EDITARES/CEAEC;* 8ª Ed. Eletrônica; 2013; p. 8.111 a 8.113).

Recurso. Os talentos pessoais, os traços-força, quando pró-evolutivos, são os principais recursos para a realização da programação existencial. A consciência herda de si mesma os atributos conscienciais e as habilidades desenvolvidas em sucessivas ressomas.

Atualização. Há consciências que se autodeserdam, não utilizando os recursos da holomemória, o repositório das vivências e experiências pessoais, inclusive os traf*o*res. O completismo existencial é também atualizar e qualificar essas habilidades ofertando competências ao mercado evolutivo, cuja maior demanda atual é pela interassistencialidade.

Megatraf*o*r. O megatraf*o*r é o talento de base, sustentador da autoproéxis, ao modo de *cartão de visitas* da consciência, quando não está desperdiçado. Torna-se paradoxal quando a própria pessoa desconhece e não aplica a habilidade evolutiva de ponta, notória para quem com ela convive. A genialidade evolutiva também consiste no fato de a consciência distribuir e retribuir seus dividendos cognitivos esclarecedores.

DESPERDÍCIO DE AUTORREFLEXÕES

Excesso. A fartura de estímulos tecnológicos, visuais, auditivos e ideativos, por vezes consumidos de maneira concomitante, comprometem a introspecção produtiva da consciência, a autorreflexão.

Imersão. Desperdiçar oportunidades de imersão autorreflexiva sobre temas relevantes do momento evolutivo é aumentar as chances de tomar decisões equivocadas ou mesmo da inação antievolutiva.

Técnica. Perante a avalanche de chamativos e demandas da *Era da Fartura,* prever tempo para uma *sessão de autocriticidade* e reavaliações pessoais pode parecer perda de tempo. Daí o ineditismo (na contemporaneidade inquieta) da proposição da *Técnica da Autorreflexão de 5 Horas,* indicada por Vieira (V. **Vieira,** Waldo; Org.; ***Autorreflexão de 5 Horas; Enciclopédia da Conscienciologia;*** Foz do Iguaçu, PR: *EDITARES/CEAEC;* 8ª Ed. Eletrônica; 2013; p. 2.011 a 2.014).

Profilaxia. Dedicar 5 horas para realizar solilóquio voltado ao entendimento e aprofundamento de temática crítica para o indivíduo, pode levar ao encaminhamento pró-evolutivo de decisão existencial capaz de repercutir pelo resto da vida. O minuto de insanidade pode demandar séculos de recomposição.

Desperdiçar tempo, dinheiro e talentos ***vai exigir maior esforço da conscin autoperdulária, pois dispersão, desorganização e falta de autorreflexão*** *comprometem* ***áreas essenciais da*** *existência humana*.

Autoquestionamento. Se você, leitor ou leitora, considera difícil evoluir contando com as autocompetências já adquiridas, imagine fazer o mesmo em total autoignorância das próprias habilidades?

10. Patologias da Fartura

Excessos. A **fartura** leva ao excesso, ao esbanjamento e às extravagâncias.[16]

Definição. As *patologias da fartura* constituem o conjunto de transtornos holossomáticos gerados pelos excessos de todo tipo praticados pelas conscins, homens ou mulheres, incautas quanto à utilização racional e pró-evolutiva dos recursos da intrafisicalidade.

Sinonímia: 1. *Síndromes da fartura.* 2. Doenças do consumismo. 3. Nosografias da *Era da Fartura.*

Antonímia: 1. Profilaxia da compulsividade. 2. Evitação do hiperconsumismo.

Pseudoalívio. A principal característica do comportamento compulsivo é a ausência de autocontrole das próprias ações e o pseudoalívio temporário da ansiedade e da angústia (V. **VandenBos,** Gary R.; Org.; ***Dicionário de Psicologia da APA*** *(APA Dictionary of Psychology);* Porto Alegre, RS: *Artmed;* 2010; p. 205). Enquanto a causa intraconsciencial do padrão ansioso não for

16 **Vieira,** Waldo; ***Léxico de Ortopensatas;*** Foz do Iguaçu, PR: *EDITARES;* 2014; p. 670.

diagnosticada e enfrentada, sucessivas ondas de compulsividade se alternam, gerando disfunções em vários aspectos da vida.

Disfuncionalidade. O hiperconsumismo é exemplo desse comportamento disfuncional (V. **Fernandes;** Pedro; ***Síndrome do Hiperconsumismo;*** verbete; In: **Vieira,** Waldo; Org.; ***Enciclopédia da Conscienciologia;*** Foz do Iguaçu, PR: *EDITARES/CEAEC;* 8ª Ed. Eletrônica; 2013; p. 9.953 a 9.958).

Compulsividade. Os comportamentos compulsivos também encontram na *Era da Fartura* a matéria-prima para a sua retroalimentação. Nunca tantas oportunidades de aquisição de bens estiveram disponíveis à Humanidade, exigindo ainda maior discernimento.

Excesso. A produção em massa de objetos e a constante geração de pseudonecessidades insaciáveis, movimentam uma engrenagem voraz que consome recursos financeiros e gera as patologias do excesso, a exemplo da acumulação compulsiva e a obesidade.

Mercadoria. Bauman sintetiza o paradoxo do hiperconsumismo: – *A característica mais proeminente da sociedade de consumidores ainda que cuidadosamente disfarçada e encoberta – é a transformação dos consumidores em mercadorias* (V. **Bauman,** Zygmunt; ***Vida para Consumo: A Transformação de Pessoas em Mercadorias;*** Rio de Janeiro, RJ: *Jorge Zahar Ed.;* 2008; p. 70).

Inutilidades. A conexão *Era da Fartura–Era do Desperdício* gerou a *indústria das inutilidades* e um novo tipo de consumo – o das tolices de toda natureza.

Dicionário. Um dicionário de tolices é um *tolicionário,* neologismo preciso proposto por Waldo Vieira, que abarca inúmeras áreas da vida humana (V. **Vieira,** Waldo; ***Dicionário de Argumentos da Conscienciologia;*** Foz do Iguaçu, PR: *EDITARES;* 2014; p. 783). Além de objetos, a Farturolândia de inutilidades gera um novo tipo de produto e de consumidor: o produto emocional e o *devorador* de tolices afetivas (V. **Manfroi,** Eliana; ***Tolicionário Afetivo;*** verbete; In: **Vieira,** Waldo; Org.; ***Enciclopédia da Conscienciologia;*** apresentado no *Tertuliarium/CEAEC,* Foz do Iguaçu, PR, em: 13.12.2013).

Exagerologia. Vale relacionar 14 áreas de atividades comerciais, lucrativas (Ano-base: 2017), caracterizadas por apelo emocional exagerado, porém ainda consumidas em larga escala no rol das tolices *for sale:*

01. **Indústria cinematográfica melodramática:** as comédias românticas simplórias; os seriados televisivos lacrimogênicos; os filmes *pink* para adolescentes; os desenhos animados para adultos infantilizados.

02. **Indústria da humanização de *pets:*** as festas de aniversário; as celebrações de casamento entre os bichos; as fantasias de carnaval; as joias para animais; o ovo de páscoa canino; o guarda-roupa sofisticado do bichano.

03. **Indústria da monarquia:** as obsoletas famílias reais sustentando o turismo de pompa; as publicações com fofocas sobre os integrantes da realeza; as grandes festas da corte; os casamentos reais; o nascimento dos *royal babys.*

04. **Indústria da sacralização:** o turismo religioso; a venda de relíquias; a música dos clérigos-cantores; as celebridades de batina; o comércio de favores divinos dos contribuintes generosos; as peregrinações superfaturadas.

05. **Indústria da superexposição:** as revistas de celebridades; os programas televisivos de fofocas; os *tapetes vermelhos* das premiações artísticas; a *calçada da fama;* os escândalos cavados.

06. **Indústria da teledramaturgia:** a *Hollywood* brasileira das novelas; as temáticas românticas folhetinescas; as abordagens caricatas e rasas dos problemas sociais; o gosto popular pelas telenovelas; o típico produto cultural de exportação; os enredos de fácil deglutição e rara reflexão.

07. **Indústria das formaturas:** as cerimônias suntuosas; os espetáculos pirotécnicos; as festas opulentas; as togas; as becas; os discursos e as homenagens enfadonhas.

08. **Indústria das núpcias:** os casamentos temáticos; as festas bizarras; as núpcias na Disneylândia, ou nos *paraísos terrestres,* custando milhares de dólares; as *weddings chapels* abertas 24 horas por dia *(Las Vegas);*

as despedidas de solteiro(a) superproduzidas; o *chá de lingerie;* os *shows* milionários durante casamentos abastados; os matrimônios coletivos no Oriente.

09. **Indústria do dia dos namorados:** as agências matrimoniais; os apelos do comércio; os jantares temáticos; os pacotes especiais em hotéis; as mensagens românticas em *outdoors;* os noivados espetaculares; os inusitados pedidos da *mão da moça.*

10. **Indústria do turismo romântico:** os roteiros paradisíacos para nubentes; os hotéis com suítes nupciais temáticas; os cruzeiros marítimos casamenteiros; as excursões para solteiros; os pacotes para idosos namoradeiros.

11. **Indústria do videoclipe:** as produções cinematográficas; o apelo erótico; as músicas com letras baratrosféricas; a exploração do ginossoma-objeto; a apologia da transgressão; a mediocridade musical.

12. **Indústria dos 15 anos:** os ritos de passagem adolescentes; as megafestas; o "bolo vivo"; os rituais da "entrega da boneca" e da "troca da sapatilha pelo salto alto"; os bailes de debutantes apresentados por celebridades; o dia da princesa.

13. **Indústria dos *reality shows:*** o "grande irmão"; o panóptico tecnológico; a vida privada pública; a competitividade irracional; a justificação dos fins; as provas físicas desumanas; o *princípio do "tudo por dinheiro";* o descontrole emocional ao vivo.

14. **Indústria editorial *cor-de-rosa:*** a "literatura para mulherzinha"; os textos lacrimosos; os livros de autoajuda afetiva; a trilogia de vampiros românticos; os romances eróticos *light* para senhoras.

Neopatologias. Entre as neopatologias da *Era da Fartura,* destacam-se 3, relacionadas com a profusão de objetos desnecessários, abastança de alimentos e o excesso de atividades de risco, apresentadas em ordem alfabética:

1. **Obesidade.** A ingesta excessiva de alimentos é uma das principais causas do transtorno alimentar caracterizado pelo sobrepeso mórbido,

a obesidade. A fartura de alimentos, notadamente os industrializados, acessíveis a preços baixos, tem facilitado às consciências com algum tipo de distúrbio alimentar, acumularem gordura corporal de maneira patológica, com graves riscos à saúde somática e com repercussões na proéxis pessoal.

OMS. A Organização Mundial da Saúde (OMS) alerta que, em 2025, cerca de 2,3 bilhões de pessoas adultas estarão com sobrepeso e 700 milhões com obesidade de risco. A patologia vem crescendo em países como a África, quase um paradoxo considerando as múltiplas carências daquele Continente.

Paradoxo. A Sociedade da Fartura vive o paradoxo das pessoas dessomarem antes pelo excesso de alimentos do que pela escassez de nutrientes.

2. **Riscomania.** Sob o rótulo de *entretenimento,* turismo de aventura, esporte, lazer e *hobby* pessoal, atividades de risco proliferam neste início de Século XXI. Os esportes radicais de todos os tipos se incluem entre os preferidos das consciências riscomaníacas.

Definição. A *riscomania* é o mau hábito pelo qual a pessoa expõe a ameaças a existência humana ou a integridade física e mental, colocando-se, de modo repetitivo, em situações temerárias de perigo, risco, dano ou fatalidade (V. **Vieira,** Waldo; Org.; ***Riscomania;*** **Vieira,** ***Enciclopédia da Conscienciologia;*** Foz do Iguaçu, PR: *EDITARES / CEAEC;* 8ª Ed. Eletrônica; 2013; p. 9.614 a 9.616).

Racionalidade. Considerando os riscos envolvidos em atividades aparentemente *inocentes,* como viagens em navios, passeios em parques temáticos, montanhismo, balonismo, entre outros entretenimentos considerados "seguros", vale o leitor ou leitora, intermissivista, avaliar com racionalidade sobre o perigo de acidente de percurso evitável. *Quem tem programação existencial, e leva tal condição a sério, não arrisca o soma à toa.*

3. **Transtorno de Acumulação.** É recente o diagnóstico do transtorno de acumulação, psicopatologia caracterizada pelo excessivo consumo e retenção de objetos, inclusive lixo, sem conseguir descartá-los, a ponto de entulhar os cômodos ou a casa inteira, impedindo os próprios moradores

de entrarem. São os acumuladores compulsivos. A patologia também é conhecida como disposofobia, ou o medo de descartar objetos (V. **Lilienfeld,** Scott O.; **Arkowitz,** H.; ***A Vida em Desordem;*** *Mente&Cérebro;* Revista; São Paulo, SP: Editora Segmento, 2014; p. 50 a 53).

Bagulhos. Todo objeto inútil acumulado pela consciência acaba por se transformar em bagulho energético, ou seja, em item carregado com energias desorganizadas e poluidoras do ambiente e da moradia onde ficam armazenadas, interferindo no bem-estar dos habitantes do local (V. **Arakaki,** Kátia; ***Antibagulhismo Energético;*** Foz do Iguaçu, PR: *EDITARES;* 2015; p. 33 a 107).

Antibagulhismo. Descartar os bagulhos energéticos é atitude antidesperdício. Acumular livros e conhecimento úteis é profilático às diversas patologias da *Era do Consumo Inútil.*

ENQUANTO HOUVER DEMANDA DA *SOCIN PATOLÓGICA,* ***OS*** *BAGULHOS ENERGÉTICOS* ***INÚTEIS SEGUEM SENDO*** *PRODUZIDOS* ***EM LARGA ESCALA E*** *CONSUMIDOS* ***POR MILHÕES DE INCAUTOS QUANTO À PRÓPRIA EVOLUÇÃO.***

Autoquestionamento. Você, leitor ou leitora, possui alguma patologia da fartura? Utiliza o discernimento ao escolher atividades evitando riscos desnecessários?

11. *Síndromes Autodesperdiçadoras*

Autodispersividade. O maior problema da vítima dos próprios talentos versáteis é a **autodispersividade** quando ocorre o descarte do essencial.[17]

Transtorno. Síndrome é um conjunto de sintomas e sinais oriundos de grupo de causas relacionadas que, associadas, podem gerar um transtorno somático ou mental (V. **VandenBos,** Gary R.; Org.; ***Dicionário de Psicologia da APA*** *(APA Dictionary of Psychology);* Porto Alegre, RS: *Artmed;* 2010; p. 845).

Síndromes. O desperdício da atual *Era da Fartura* também está associado a síndromes autodespediçadoras, sendo duas delas propostas pela autora a partir de pesquisas sobre a profilaxia da autobanalização: a *Síndrome do Autodesperdício* e a *Síndrome da Ectopia de Proéxis* (V. **Manfroi,** Eliana; ***Autopesquisa e Profilaxia da Síndrome da Ectopia de Proéxis;*** *Anais da IV Jornada de Autopesquisa Conscienciológica;* Florianópolis, SC; *Journal of Conscientiology;* London; UK: *International Academy of Consciousness* (IAC), 2006; p. 193 a 204). Por fim, a patologia da *autodispersividade* é embasada no quadro nosológico proposto por Vieira (1997).

Diagnóstico. A descrição das síndromes, a seguir, vale como alerta, sem alarmismo, na tentativa de auxiliar no diagnóstico e autoenfrentamento de tais patologias. Conhecer o problema é o primeiro passo para superá-lo.

---

17 **Vieira,** Waldo; ***Léxico de Ortopensatas;*** Foz do Iguaçu, PR: *EDITARES;* 2014; p. 194.

SÍNDROME DO AUTODESPERDÍCIO

Definição. A *síndrome do autodesperdício* é a condição patológica da consciência, homem ou mulher, caracterizada pela atitude pessoal cronicificada, recorrente, de esbanjar e banalizar oportunidades, talentos, aportes, polivalências, ideias inatas, ambientes otimizados e, notadamente, amizades evolutivas e o *Curso Intermissivo* (V. **Manfroi,** Eliana; ***Síndrome do Autodesperdício;*** verbete; In: **Vieira,** Waldo; Org.; ***Enciclopédia da Conscienciologia;*** verbete apresentado no *Tertuliarium/CEAEC,* Foz do Iguaçu, PR, em: 19.05.2014).

Sinonimologia: 1. *Síndrome do autoperdularismo.* 2. *Síndrome do autoesbanjamento.* 3. Transtorno do autodesperdício. 4. *Síndrome do autodesproveito antievolutivo.* 5. *Síndrome da Autoperdologia.* 6. Transtorno da autobanalização.

Antonimologia: 1. Aproveitamento dos aportes existenciais. 2. Autoaproveitamento dos traf*o*res. 3. Indesperdício evolutivo.

Autossabotagem. Pode-se entender o autodesperdício pela ótica da autossabotagem. Trata-se do ato de *dar rasteira* em si mesmo, *puxar o próprio tapete.* Autossabotar-se é fazer escolhas (ou não fazer), preparando o próprio terreno movediço para que *tudo dê errado* (V. **Stamateas,** Bernardo; ***Autossabotagem: Reconheça e mude as Atitudes que você toma contra si mesmo;*** São Paulo, SP: *Academia de Inteligência;* 2009; p. 65 a 84).

Coloquialismo. A metáfora de *jogar fora o bebê junto com a água do banho* exemplifica de maneira adequada a essência desta síndrome. O mais importante, em termos evolutivos, vai para o *ralo.*

Sintomatologia. Considerando as relações de comorbidade entre as patologias conscienciais, ou seja, a associação de vários sintomas ou patologias, eis, por exemplo, em ordem alfabética, 24 sintomas da *síndrome do autodesperdício:*

01. **Anacronismo:** a postura de antepassado de si mesmo.

02. **Ansiosismo:** a ansiedade existencial; a afobação.

03. **Apriorismo:** os preconceitos; as acepções de pessoas e ideias.

04. **Autossabotagem:** o autodesmerecimento.

05. **Autossantificação:** a defesa da autoimagem.

06. **Autovitimização:** a autocomiseração; a autoflagelação.

07. **Desfocagem:** a ausência de foco; o fato de estar *sem eira, nem beira*.

08. **Despriorização:** o foco no supérfluo; a postura superficial.

09. **Dispersão consciencial:** a autodesorganização; a agenda superlotada.

10. **Distorção da realidade:** os autoenganos; a ausência de autorrealismo.

11. **Ectopia afetiva:** os afetos deslocados; a imaturidade afetiva.

12. **Hiperconsumismo:** o excesso de bagulhos pelo colecionismo inútil.

13. **Impulsividade:** as ações intempestivas; os pré-julgamentos.

14. **Inadaptação:** o autoestranhamento.

15. **Inércia antievolutiva:** a ausência de protagonismo existencial; o travão da escrita; o medo da autoexposição.

16. **Infantilismo:** a neotenia; as birras infantis do adulto e do geronte.

17. **Mediocrização:** o autonivelamento pela massa impensante e medíocre.

18. **Narcisismo:** o egão siderado; o egoísmo cronicificado.

19. **Perfeccionismo:** as autojustificativas; as exigências extremas.

20. **Pusilanimidade:** a desistência antes da tentativa; a covardia evolutiva.

21. **Pressa:** a superficialidade nas abordagens; a voracidade rasteira.

22. **Procrastinação:** o ato de *empurrar* as tarefas para *amanhã*.

23. **Robotização existencial:** o automatismo subcerebral; a existência mediocrizada.

24. **Subestimação:** o erro de avaliação; o ato de pensar pequeno.

Companhias. Ao perder oportunidades de assistência, ou seja, de ajuda às demais consciências, perde-se também algo valioso: as companhias evolutivas, os parceiros e o grupo afinizado com tais tarefas. Compara-se à situação do aluno reprovado ao ver os colegas e amigos seguirem em frente, enquanto permanece em estágio anterior, com os "novatos", na condição de *repetente evolutivo*.

Metrificação. O ato de medir, metrificar, levantar os desperdícios efetuados auxilia, sobremaneira, as consciências a localizarem os drenos por onde escoam alguns dos recursos pessoais vitais: tempo, energia e megafoco.

Autodesperdiciometria. A exemplo do impostômetro no Brasil, que mede anualmente o montante de impostos pagos pela população brasileira, pode ser útil ao leitor ou leitora criar o próprio *desperdiciômetro* para aferir o nível de esbanjamento de aportes existenciais e oportunidades evolutivas.

Autoavaliação. A proposta de um instrumento de autoavaliação, ao modo de Autodesperdiciograma, tem utilidade prática e pode ser estruturado pelo próprio leitor ou leitora a partir da realidade pessoal.

Autodesperdiciograma. Eis proposta de inventário autoavaliativo com 10 questionamentos, listados em ordem alfabética, quanto aos próprios desperdícios, passível de ser ampliado pelos leitores:

01. **Ansiosismo.** Quantas oportunidades de autorreflexão e vivência plena do presente desperdiço por estar excessivamente ansioso e ocupado com o futuro (preocupação)?

02. **Autovitimização.** Quantas oportunidades de ajudar desperdiço ao assumir o papel de vítima incapaz, reforçando a autoestima deficitária?

03. ***Hobbies*.** Quanto tempo dedico a algum *hobby* pouco qualificado a exemplo da coleção de rótulos de cerveja?

04. **Livros.** Quantos livros deixei de ler, nos últimos 12 meses, mesmo tendo adquirido e *estacionado* os volumes na biblioteca pessoal?

05. **Mídia.** Por quanto tempo permaneço perante a televisão, assistindo programas de auditório infantilizadores, novelas lacrimogênicas e *vídeo-clips* musicais de qualidade duvidosa?

06. **Rede.** Quanto tempo dispendo às redes sociais, selecionando interatividade útil da curiosidade pueril e por vezes autoassediante?

07. ***Shopping.*** Quantas horas gasto, semanalmente, passeando em centros de compras e *shopping centers,* sem objetivo claro, apenas para *matar o tempo*?

08. **Soma.** Quantas atividades físicas, por vezes prescritas pelo médico, tenho deixado de realizar por falta de organização da agenda semanal, comprometendo o bem-estar de todos os veículos de manifestação?

09. **Sono.** Quantas horas de sono desperdiço ao percorrer centenas de canais televisivos pagos, repletos de *mais do mesmo,* completamente irrelevantes?

10. **Textos.** Quantos textos deixo de escrever por preguiça, procrastinação, dispersão ou mesmo insegurança intelectual?

Produtividade. Ao relacionar as benesses pró-evolutivas recebidas e a produtividade alcançada a partir desses recursos, é possível levantar os desperdícios efetivados. Antes de ser uma lista de autoflagelação, geradora de autoculpa e autovitimização, a relação do autoperdularismo funciona ao modo de autodiagnóstico indicador das áreas, temáticas e traços conscienciais a serem trabalhados pela consciência, na superação da *síndrome do autodesperdício.*

Evolução. Importa mais, nesse período de Aceleração da História Humana o antidesperdício dos bens evolutivos. A má administração dos recursos e aportes existenciais tem gerado incalculáveis desvios e ectopias de proéxis, tema da próxima síndrome.

SÍNDROME DA ECTOPIA DE PROÉXIS

Definição. A *síndrome da ectopia de proéxis,* ou do desvio da rota evolutiva originalmente traçada, é a patologia caracterizada pelo conjunto de sintomas e padrões comportamentais, relacionados entre si, apresentados pelas consciências que se encontram ectópicas, desviadas e / ou realizando insatisfatoriamente o próprio projeto de vida (V. **Manfroi,** Eliana; ***Autopesquisa e Profilaxia da Síndrome da Ectopia de Proéxis;*** *Anais da IV Jornada de Autopesquisa Conscienciológica;* Florianópolis, SC; *Journal of Conscientiology;* London; UK: *International Academy of Consciousness* (IAC), 2006; p. 193 a 204).

Sinonímia. 1. Distimia evolutiva. 2. *Síndrome do desvio da proéxis.* 3. Melancolia intrafísica. 4. Fracasso evolutivo.

Antonímia. 1. Completismo existencial. 2. Proéxis sadia. 3. Sucesso evolutivo.

Risco. A condição de ectopia, de desvio da proéxis pode estar relacionada com a ansiedade existencial, já discutida.

Sintomatologia. Eis, em ordem alfabética, 17 sintomas holossomáticos, não exaustivos, também manifestados pela conscin com episódio distímico e / ou depressivo, associados ao quadro sindrômico da proéxis ectópica:

01. **Anedonia:** a perda de prazer em realizar atividades normalmente prazerosas.

02. **Autoculpa:** a autoflagelação frente às oportunidades evolutivas perdidas.

03. **Autodesvalia:** a baixa autoestima; a visão tra*f*arista de si; a sensação de inutilidade.

04. **Autoexclusão:** a convivialidade deficitária; o afastamento dos grupos interativos.

05. **Decidofobia:** a indecisão crônica; o titubeio nas escolhas.

06. **Desmemoriamento:** a memória prejudicada; a dificuldade em conservar e recuperar informações.

07. **Disforia:** a insatisfação; a tristeza (estado afetivo disfórico).

08. **Dispersividade:** a incapacidade de manter a atenção concentrada.

09. **Euforia:** a exaltação afetiva exagerada; o entusiasmo exacerbado (estado afetivo eufórico).

10. **Fadiga:** a exaustão energética; o cansaço extremo.

11. **Hiperapetência:** a compulsão alimentar gerando peso excessivo.

12. **Hiperatividade:** as ações impulsivas; os rompantes comportamentais.

13. **Hipersonia:** o excesso de sono.

14. **Hipoapetência:** a inapetência gerando perda de peso significativa.

15. **Hipoatividade:** a imobilidade excessiva; a inação.

16. **Insônia:** a ausência de sono.

17. **Vitimização:** a culpabilização do outro pela própria crise existencial.

Profilaxia. A formação e experiência profissional da autora deste livro, na área da Psicologia Clínica, exige alertar ao leitor ou leitora, a evitação de autoaplicar a listagem apresentada sem observar as seguintes condições: os sintomas devem persistir por mais de 15 dias; não terem sido causados (parte deles) por episódio pontual, a exemplo de dessoma de familiar, perda de emprego, aposentadoria e outros eventos causadores de estresse intenso, porém temporário; não ter diagnóstico de tumor cerebral, disfunções endócrinas e intoxicações de variadas origens.

SÍNDROME DA AUTODISPERSIVIDADE

Dispersão. Entre as características marcantes das consciências desperdiçadoras destaca-se a dispersão das tarefas e dos autoesforços. A quantidade, velocidade e instantaneidade das *novidades* da vida contemporânea contribuem para que a consciência multívola fique *atordoada* perante tantas possibilidades. Sem megafoco, quer seguir em todas as direções e não chega a lugar nenhum.

Síndrome. Vieira identificou a *síndrome da dispersão consciencial* manifestada por grande número de consciências desorganizadas quanto à autoevolução consciente. Tal esbanjamento, segundo o autor, pode levar a rendimento zero em relação à própria evolução (V. **Vieira,** Waldo; ***Temas da Conscienciologia;*** Rio de Janeiro, RJ: *IIPC;* 1997; p. 160 e 161).

Definição. A *síndrome da dispersão consciencial* é o estado nosológico caracterizado pelo conjunto de sinais, sintomas ou traços presentes na manifestação da conscin intermissivista, homem ou mulher, tendente à desorganização, desconcentração mental, perdularismo, desviacionismo, escapismo, subterfúgio e dissipação de esforços quanto às priorizações evolutivas (V. **Cardozo,** Neida; ***Síndrome da Dispersão Consciencial;*** verbet; In: **Vieira;** Waldo; Org.; ***Enciclopédia da Conscienciologia;*** verbete presentado no *Tertuliarium/CEAEC,* Foz do Iguaçu, PR, em: 01.08.2014).

Dispersividade. Na *Era da Fartura* de estímulos, oportunidades, convites, desafios e novidades, posicionar-se quanto ao que *não fazer* pode ser a decisão fundamental. Dispersar esforços ao querer *abraçar o mundo,* é o caminho para o incompletismo e a falta de acabativa nos empreendimentos evolutivos pessoais.

Continuísmo. A sustentabilidade de uma tarefa existencial até a completa realização, demonstra a maturidade e a lucidez da consciência quanto às escolhas prioritárias.

Autoengano. Traço consciencial basilar da *síndrome da dispersão consciencial,* a despriorização é um dos principais sintomas dos portadores desse transtorno da indisciplina decisória.

Sintomatologia. Seguindo a estratégia autoavaliativa proposta neste livro, eis 9 sintomas manifestados pela consciência portadora da síndrome em questão, em ordem alfabética:

1. **Arrogância:** faz algo apenas pelo fato de *poder* e *saber* fazer, para evitar "perder" a oportunidade, sem avaliar a prioridade e a convergência com as próprias metas pré-estabelecidas, dispersando-se.

2. **Autodesorganização:** ausência de agenda pessoal, com rotina instável sujeita a encaixes extrapauta, sem ponderação.

3. **Autodesvalia:** aceita *todo e qualquer* convite, por receio de posicionar-se e dizer "não", temendo não atender expectativas e perder a estima das outras consciências, devido às próprias carências e autossubestimação, tendendo à dispersividade nas tarefas.

4. **Autoinsciência:** ausência de autopesquisa e investimento na autocognição, desconhecendo os próprios interesses e afinidades, determinantes nas escolhas evolutivas.

5. **Displicência:** falta de zelo e qualidade nas tarefas realizadas, por vezes devido ao excesso de atividades assumidas, comprometendo o resultado final, gerando auto e heterofrustração.

6. **Impaciência:** o imediatismo e a ansiedade podem levar a consciência a assumir inúmeros projetos de curto prazo, pois a impaciência e a falta de perseverança a impedem de sustentar tarefa única, complexa e de longo prazo, como por exemplo, a escrita de um livro.

7. **Impulsividade:** decide intempestivamente, de maneira irrefletida, assumindo compromissos ou desperdiçando recursos, inclusive financeiros, em projetos secundários e irrelevantes.

8. **Polianismo:** portadora da *síndrome de Poliana,* a consciência está sempre pronta, alegre e cheia de energia para *o que der e vier,* fazendo média e procurando agradar *gregos e troianos.*

9. **Versatilidade:** excesso de talentos e habilidades podem tornar a consciência multitarefeira, ou seja, desempenha muitas atividades com facilidade e acumula frentes de trabalho pois, *sempre dá conta de tudo.*

Pobreza. O psicólogo e escritor Daniel Goleman alerta para o empobrecimento da atenção na *Era da Informação.* A atenção é considerada por ele o "músculo cognitivo" sustentador da consciência humana do mundo. O foco e a atenção, ao selecionarem aspectos a serem incluídos e / ou excluídos da percepção, delineiam a realidade prioritária de cada indivíduo (V. **Goleman,** Daniel; ***Foco: a Atenção e seu Papel Fundamental para o Sucesso;*** Rio de Janeiro, RJ: *Objetiva;* 2014, p. 81).

Embate. Enfrentando continuamente as distrações intra e extraconscienciais, a qualidade do foco mental, fundamento da antidispersividade, tem pago alto preço em tempos de fartura de estímulos, lutando para capturar e manter a atenção humana.

Patologia. A dificuldade em manter o megafoco nos objetivos prioritários, autodeterminados, exige a superação da *síndrome da dispersão consciencial.*

Multívola. O traço da consciência multívola, eternamente insatisfeita, difícil de agradar, exigente, a demandar tudo ao mesmo tempo, reforça a dispersividade antievolutiva (V. **Alvarenga;** Bianca: ***A Angústia de Fazer Mais e Mais;*** *Veja*; São Paulo, SP: *Editora Abril;* 04.05.2016; páginas 84 a 87).

AS SÍNDROMES DECORRENTES DO *AUTOPERDULARISMO* ***VITIMIZAM AS*** *CONSCIÊNCIAS DESORIENTADAS* **QUANTO** ***AO PRÓPRIO NORTE EVOLUTIVO, AINDA*** *DISPERSAS* *E ECTÓPICAS* ***AO EIXO DA PROGRAMAÇÃO EXISTENCIAL.***

Questionologia. Você, leitor ou leitora, identifica-se com algumas das síndromes apresentadas? Em caso positivo, aceita o desafio do autoenfrentamento das próprias dificuldades, sem autovitimização?

12. Capacidade Ociosa Proexológica

Ociosidade. A sedução dos **envolvimentos** da vida moderna favorece a ociosidade infrutífera, notadamente na vida das conscins desorganizadas.[18]

Definição. A *capacidade ociosa da proéxis* é o déficit entre o volume efetivo de produtividade na programação de vida da consciência e o real potencial de realização a partir do planejado na intermissão, dos talentos pessoais, dos aportes e das oportunidades recebidas (**Manfroi,** Eliana; ***Capacidade Ociosa Proexológica;*** verbete; In: **Vieira,** Waldo; Org.; ***Enciclopédia da Conscienciologia;*** verbete apresentado no *Tertuliarium/CEAEC,* Foz do Iguaçu, PR: em: 22.01.2014).

Sinonímia: 1. Capacidade ociosa proexológica. 2. Percentual improdutivo da proéxis. 3. Improficuidade proexológica. 4. Saldo devedor da proéxis. 5. Diferença negativa entre o planejado e o realizado na proéxis.

Antonímia: 1. Produtividade proéxica. 2. Proficuidade proexológica. 3. Proéxis em dia. 4. Completismo proéxico.

Recurso. A capacidade ociosa é aquela parte do recurso disponível para uso que, por alguma razão, não está sendo efetivamente utilizado, porém ainda assim gera custos.

---

18 **Vieira,** Waldo; ***Léxico de Ortopensatas;*** Foz do Iguaçu, PR: *EDITARES;* 2014; p. 1.159.

Exemplo. A sala de aula de determinada escola, por exemplo, quando dimensionada para 40 alunos, mas ocupada por apenas 10, possui capacidade ociosa de 75%, considerando os gastos com energia elétrica, manutenção e limpeza, depreciação e, principalmente, pagamento de professores, independentemente de estarem ministrando aulas para poucos ou muitos estudantes.

Proéxis. A analogia do conceito aplicada à programação existencial esclarece a seriedade quanto ao fato de negligenciar a própria evolução. A questão não é estar fazendo *muito,* porém o essencial. Lotar a agenda de atividades não representa proéxis em dia.

Taxologia. Sob a perspectiva da produtividade na proéxis, eis, em ordem alfabética, 8 tipos de questionamentos quanto aos potenciais de produção da consciência (antiociosidade pró-evolutiva) seguidos de provável habilidade ociosa e / ou, negligenciada:

1. **Acolhimento.** Expresso receptividade às demais consciências? *Ociosidade de sorrisos acolhedores.*

2. **Aptidão docente.** Já ensino o que aprendi? *Ociosidade de cognição pró-evolutiva.*

3. **Doação de energias conscienciais.** Exteriorizo energias benignas às demais consciências? *Ociosidade de potencial energossomático.*

4. **Interassistencialidade.** Realizo toda interassistência possível no atual momento evolutivo? *Ociosidade de fraternismo.*

5. **Perfil liderológico.** Assumo o próprio perfil de liderança? *Ociosidade de assertividade pró-evolutiva.*

6. **Posicionamentos tarísticos.** Efetuo o máximo de esclarecimento possível, criando oportunidades de tares? *Ociosidade de tarefa do esclarecimento.*

7. **Produção escrita.** Escrevo e público as autopesquisas com frequência e sem omissões deficitárias? *Ociosidade de ideias inatas grafadas, a exemplo de livros tarísticos, guardados na gaveta.*

8. **Talentos pessoais.** Conheço e disponibilizo ao máximo os próprios talentos e habilidades, de maneira interassistencial? *Ociosidade de trafores.*

Medida. A unidade de medida da capacidade ociosa proexológica é o *vazio existencial*, tema a ser abordado no próximo capítulo.

A *PRODUTIVIDADE PROEXOLÓGICA* ***É MEDIDA ANTES PELA PRIORIZAÇÃO DO ESSENCIAL PERANTE OS*** *COMPROMISSOS INTERMISSIVOS* ***E NÃO PELA QUANTIDADE DE TAREFAS NA AGENDA PESSOAL SUPERLOTADA.***

Autoquestionamento. Qual o saldo, leitor ou leitora, entre o planejado e o realizado em relação ao próprio projeto de vida evolutivo?

13. Vazio Existencial

Excessos. O ritmo da Natureza, os **fluxos do Cosmos** e a sequência das dimensões existenciais dispensam *supérfluos, exageros, excessos, esbanjamentos, inutilidades, extravagâncias e vazios.*[19]

Definição. O *vazio existencial* é a ausência de identificação ou assunção por parte da consciência, homem ou mulher, do sentido da própria vida, gerando angústia, ansiedade, autodesvalia, alienação, humor deprimido e desesperança em relação à completude da programação existencial (V. **Manfroi;** Eliana; ***Vazio Existencial;*** verbete; In: **Vieira,** Waldo; Org.; ***Enciclopédia da Conscienciologia;*** verbete apresentado no *Tertuliarium/CEAEC,* Foz do Iguaçu, PR, em: 21.12.2012).

Sinonímia: 1. Vácuo existencial. 2. Proéxis esvaziada. 3. Falta de sentido da vida. 4. Niquidade existencial. 5. Ausência de propósito existencial. 6. Inexistência de meta evolutiva. 7. Melancolia intrafísica.

Antonímia: 1. Sentido da vida. 2. Programação existencial. 3. Meta evolutiva. 4. Propósito da existência. 5. Razão da vida. 6. Meta autoevolutiva. 7. Planificação existencial. 8. Empreendimento proexológico.

Doença. A falta de sentido para a própria existência perfila entre as principais *doenças existenciais* da contemporaneidade. Os consultórios

---

19 **Vieira,** Waldo; ***Léxico de Ortopensatas;*** Foz do Iguaçu, PR: *EDITARES;* 2014; p. 670.

psicológicos e os templos religiosos estão repletos de indivíduos com tal *queixa* de natureza egocêntrica.

Era. O filósofo francês Gilles Lipovetsky (1944–), chama a atenção para a *Era do Vazio,* a "revolução individualista" em curso no final do Século XX e início do Século XXI, ou seja, o narcisismo levado ao grau máximo em uma Sociedade dominada pelo capitalismo hedonista e permissivo. Pergunta ele se, *sob a aparência de modernidade, o essencial não estará escapando por entre os dedos?* (V. **Lipovetsky;** Gilles; ***A Era do Vazio;*** Barueri, SP: *Manole;* 2005; p. 32).

Indiferença. É ainda Lipovetsky que chama a atenção para o fenômeno da indiferença histórica, da apatia frívola dos indivíduos que se tornam suas principais referências (egocentrismo) e, quando buscam a si mesmos, encontram um espelho vazio. *Vivemos num bunker de indiferença,* diagnostica o filósofo francês, refletindo que as perturbações e crises existenciais se apresentam por meio desse mal-estar difuso e invasivo, de um sentimento de vazio interior.

Apatia. O esvaziamento existencial tem relação estreita com a apatia, a insensibilidade e a indiferença perante a abastança de possibilidades e frivolidades da *Era da Fartura.* O que escolher, quem ser, o que fazer, o que não escolher, com o que se identificar, o que valorizar, o que é importante, o que é secundário?

Melancolia. Talvez a mais recorrente das faces contemporâneas do vazio existencial seja o processo da *mel*ancolia *in*trafísica (melin).

Definição. A *melin,* ou melancolia intrafísica, é o estado mórbido da conscin caracterizado por depressão, perda de interesse pela vida, estado de ânimo profundamente doloroso, perda da capacidade de amar e do amor-próprio, com tristeza indefinida, abatimento mental e físico, podendo resultar da manifestação de vários problemas psiquiátricos, sendo mais considerado como fase de psicose maníaco-depressiva, transtorno do humor ou síndrome bipolar (V. **Vieira,** Waldo; Org.; ***Melin; Enciclopédia da Conscienciologia;*** Foz do Iguaçu, PR: *EDITARES/CEAEC;* 8ª Ed. Eletrônica; 2013; p. 7.202 a 7.205).

Associação. A associação entre melin e depressão necessita de certa cautela. Nem todo quadro depressivo é decorrente da melancolia intrafísica oriunda do desvio da programação existencial. Recomenda-se a avaliação por profissionais de saúde para verificar se o transtorno de humor não é decorrente de causas hormonais, tumor cerebral ou processo reativo temporário, a exemplo de perdas afetivas ou distresse.

Incapacitação. Ainda assim, a depressão ocupa o topo da lista das doenças que mais incapacitam indivíduos para o trabalho. Dados da Organização Mundial da Saúde (OMS) indicam que 7% da população mundial em 2014 (400 milhões de indivíduos) apresentavam depressão, sendo a maioria do gênero feminino.

Custo. Pesquisadores tentaram calcular o ônus global da depressão em seminário realizado em novembro de 2014, na Inglaterra, promovido pela revista *The Economist,* denominado *The Global Crisis of Depression – The Low of the 21st Century?* Kofi Anan, ex-secretário geral da ONU anunciou, na abertura do evento, que o custo mundial da depressão em 2010, foi de 800 bilhões de dólares e que deverá duplicar nos próximos 20 anos.

Megautodesperdício. A depressão grave pode levar ao suicídio, que é o autodesperdício em sua expressão máxima, denotando a megapatologia da consciência sem lucidez alguma quanto à perenidade dos princípios conscienciais. Vale destacar o fato dos *suicídios lentos,* indiretos, presente nos hábitos e atitudes antissomáticas da vida contemporânea de abusos e excessos de todo tipo, a exemplo da ingesta de bebidas alcoólicas, tabagismo, ingesta excessiva de alimentos pouco saudáveis e sedentarismo.

Sintomas. A maioria dos 11 sintomas do transtorno depressivo, descritos a seguir, em ordem alfabética, podem também ser referidos pelas consciências que verbalizam a autopercepção de vazio existencial (observe, leitor ou leitora, a similaridade dos itens a seguir com os apresentados na *Síndrome da Ectopia de Proéxis,* no capítulo 10, permanencendo a mesma recomendação profilática de realizar diagnóstico diferencial quanto às causas da depressão) (V. **Kaplan,** Harold I,; **Sadock,** Benjamin J.; & **Grebb,** Jack A.;

Compêndio de Psiquiatria: Ciências do Comportamento e Psiquiatrica Clínica; Porto Alegre, RS: *Artmed Editora;* 1997; p. 308 e 309):

01. Autoculpa e angústia.

02. Baixa autoestima.

03. Desinvestimento nos relacionamentos (isolamento).

04. Distúrbios de atenção, concentração e memória.

05. Distúrbios do sono (hipersonia ou insônia).

06. Fadiga extrema.

07. Ideação suicida (em alguns casos).

08. Oscilação importante de peso (sobrepeso ou baixo peso).

09. Oscilação intensa de humor (tristeza intensa, euforia inadequada, ansiedade extrema).

10. Perda de interesse por atividades prazerosas.

11. Visão pessimista do futuro (falta de motivo para viver).

Hipótese. Não seria a pandemia de depressão global reforçada pela alta incidência do vazio existencial, da falta de sentido para a própria vida, acrescida da indecisão crônica de definir qual o caminho a seguir em uma sociedade rica em estímulos, mas ainda pobre em valores evolutivos e princípios cosmoéticos?

Contrapontos. Os 7 contrapontos sintetizam a situação de incoerência paradoxal que permeia a atual *Era do Vazio* (Ano-base: 2017):

1. Nunca houve *tantos aportes* para o autodidatismo, a construção da própria intelectualidade, com acesso livre e gratuito ao conhecimento, contudo nunca houve *tanto desinteresse* pelo estudo, pela leitura crítica e pela reflexão.

2. Nunca houve *tanta conectividade* entre as pessoas pela tecnologia e pela *Internet,* contudo nunca houve *tanta superficialidade* e ausência de vínculos profundos nos relacionamentos.

3. Nunca houve *tanta fartura* material, contudo nunca houve antes na História da Humanidade *tanto desperdício*. Ainda pior, tanto *autodesperdício*.

4. Nunca houve *tanto investimen*to da consciência em si mesma de maneira narcísica, contudo nunca houve *tanto autodesconhecimento* e desorientação quanto à própria identidade.

5. Nunca houve *tantas oportunidades* de auxiliar, contribuir, ser útil, por meio de trabalho voluntário, contudo nunca houve *tanto esvazia*mento e falta de sentido para a vida.

6. Nunca houve *tantas possibilidades* de profissões a serem escolhidas pelos jovens, contudo nunca houve *tanta indecisão* sobre qual carreira seguir.

7. Nunca houve *tanta produção* de alimentos no mundo, porém nunca houve *tanta carência* de nutrientes levando à doença da superalimentação.

Narcisismo. Levar a própria vida inteiramente envolvida consigo mesma, ao priorizar as vontades hedonistas, conduz a consciência a buscar incessante o preenchimento do vácuo existencial, novamente paradoxal pelo fato de, quanto mais autocentramento egoico trazendo tudo para si, mais esvaziada de sentido.

Vício. Trata-se de círculo vicioso, onde a perda do sentido da vida faz a consciência voltar-se, patologicamente, para si mesma (egocentrismo).

Cegueira. A viseira do individualismo cega a visão ampla e impossibilita alcançar a cosmovisão por parte da consciência hedonista. Trata-se da conscin ocupada apenas com as próprias mazelas.

Autoengano. As autocorrupções grosseiras e os autoenganos indefensáveis reforçam a autodesvalia da consciência. Até o mais egocêntrico dos indivíduos fica desconfortável consigo mesmo, em algum momento da evolução, a partir do momento no qual satura-se das próprias incoerências. Os altruístas de hoje foram os egoístas do passado.

Insatisfação. Outras máscaras recorrentes do vazio existencial aparecem sob a forma de tédio e de indiferença. O hiperconsumo, a violência em excesso e a banalização da vida, comuns na contemporaneidade, podem provocar o efeito de dessensibilização, gerando indiferença e falta de empatia perante as necessidades e o sofrimento alheio.

Holocausto. Exemplos desse processo da perda da sensibilidade perante o sofrimento humano tendem a ocorrer em situações de extrema violência e / ou em tragédias de grandes proporções. No Holocausto nazista, certo percentual dos indivíduos confinados em campos de concentração desenvolviam uma espécie de anestesiamento perante tanta barbárie (V. **Frankl**, Viktor; ***Em Busca de Sentido: Um Psicólogo no Campo de Concentração;*** São Leopoldo, RS: *Sinodal & Vozes;* 2008; p. 13).

Sentido. Nem todas as vítimas, afortunadamente, chegaram a essa indiferença reativa, patológica. O psiquiatra austríaco Viktor Emil Frankl (1905–1997), sobrevivente de campo de concentração representa um dos melhores antimodelos desse processo, ao encontrar sentido para a existência em um dos episódios mais brutais da História da Humanidade.

Logoterapia. Demonstrando resiliência avançada, Frankl relata em seus livros que só conseguiu sobreviver ao Holocausto por ter uma razão para permanecer vivo: queria publicar seu livro, cujos manuscritos levou para o campo, mas foram confiscados e destruídos. Algum tempo após obter a liberdade, com o final da Segunda Guerra Mundial, escreve obra relatando sua experiência transformadora e os princípios da Logoterapia. O sentido de sua vida foi o de ajudar outras pessoas a encontrarem também o significado de suas existências.

Motivação. O desafio da consciência lúcida é encontrar sentido para a existência a cada novo dia e ter motivação para trabalhar pela realização desse sentido.

Autocerteza. A sensação do dever cumprido perante as demandas existenciais por meio de rotina evolutivamente proveitosa evita a abertura de brechas ao tédio, outro sintoma decorrente do vazio existencial.

Tédio. O *tédio* é a sensação de enfado, aborrecimento ou cansaço causada por algo lento, prolixo, prolongado, abrangente, árido, obtuso ou vazio, acarretando desgosto inescondível na consciência (V. **Vieira,** Waldo; Org; ***Tédio; Enciclopédia da Conscienciologia;*** Foz do Iguaçu, PR: *EDITARES/CEAEC;* 8ª Ed. Eletrônica; 2013; p. 10.411 a 10.413).

Mote. Quem tem um motivo pelo qual viver não desperdiça a oportunidade de uma vida nessa dimensão intrafísica, desconhecendo o tédio existencial.

***O** VAZIO EXISTENCIAL **É A PARAPATOLOGIA PANDÊMICA DA** ERA **DA** FARTURA **ATUAL. A REALIZAÇÃO PLENA E LÚCIDA DO SENTIDO DA VIDA CONSTITUI A TERAPÊUTICA E A PROFILAXIA À MELANCOLIA E AO** DESVIO PROÉXICO.*

Autoquestionamento. Você, leitor ou leitora, já encontrou o norte evolutivo da própria bússola intraconsciencial? Ou ainda caminha a esmo, sem rumo, entediado, pela vida?

14. Marasmo Existencial e Ônus do Autodesperdício

Autestagnação. A sua existência está estagnada se você, no último ano, não mudou para melhor, pelo menos, 5 **opiniões pessoais** quanto à vida e à evolução consciencial.[20]

Marasmologia. O marasmo existencial é a condição de estar no *ponto morto* evolutivo, em situação de inércia quanto às ações prioritárias da atual ressoma crítica. É o ato de *cruzar os braços* perante os desafios proexológicos (V. **Manfroi,** Eliana; ***Antiautomarasmologia;*** verbete; In: **Vieira,** Waldo; Org.; ***Enciclopédia da Conscienciologia;*** verbete apresentado no *Tertuliarium/CEAEC,* Foz do Iguaçu, PR: em: 01.04.2014).

Tipos. O marasmo existencial pode assumir diferentes aspectos na manifestação consciencial, a exemplo dos 7 listados, em ordem alfabética:

1. Automarasmo enquanto *acomodação.*
2. Automarasmo enquanto *autoassédio.*
3. Automarasmo enquanto *autodesperdício.*
4. Automarasmo enquanto *autoengano.*
5. Automarasmo enquanto *covardia.*
6. Automarasmo enquanto *orgulho.*
7. Automarasmo enquanto *retrotravão.*

20 **Vieira,** Waldo; ***Léxico de Ortopensatas;*** Foz do Iguaçu, PR: *EDITARES;* 2014; p. 156.

Definição. O *ônus do autodesperdício* é o custo, o preço pago ou a perda evolutiva haurida pela consciência incauta, homem ou mulher, ao não se posicionar perante as oportunidades evolutivas e aportes existenciais recebidos.

Sinonímia. 1. Ônus do autoperdularismo. 2. Custo do autodesperdício.

Antonímia. 1. Bônus do aproveitamento evolutivo. 2. Ganhos existenciais.

Autodesperdiciômetro. A tabela a seguir, com 5 exemplos, tem a função didática de indicar ao leitor ou leitora uma técnica para mapear o ônus do autodesperdício. Inicia relacionando os aportes recebidos, a própria realidade em relação ao aproveitamento, o cálculo do prejuízo e, finalmente, procura localizar a causa, a origem da atitude autoperdulária:

Tabela – Ônus do Autodesperdício

Nº	Aportes	Realidade	Cálculo prejuízo	Causa desperdício
1.	Acesso a livros	Leitura deficiente	Intelectualidade deficitária	Preguiça mental
2.	Aprendizado de idiomas	Monoglotismo	Restrição cultural e interpessoal	Ausência de abertismo consciencial
3.	Saúde somática	Sedentarismo	Fadiga, sobrepeso	Boavidismo, comodismo
4.	Facilidade para escrever	Ausência de produção escrita	Capacidade ociosa de esclarecer e assistir	Dispersividade, despriorização
5.	Rede de amigos e relacionamentos	Isolamento e baixa interação social	Solidão e fechadismo consciencial	Egocentrismo

Autodesconforto. O levantamento do autodesperdício, a exemplo da tabela proposta, pode levar a consciência a vivenciar espécie de *zona de desconforto*, que é a condição intraconsciencial na qual se sente incomodada, dessassossegada, importunada e inquieta, com algum grau de mal-estar, insegurança e insatisfação, notadamente em relação a aspectos incoerentes da automanifestação, podendo impulsionar, paradoxalmente, reciclagens intraconscienciais (V. **Manfroi,** Eliana; ***Zona de Desconforto;*** verbete; In: **Vieira,** Waldo; Org.; ***Enciclopédia da Conscienciologia;*** Foz do Iguaçu, PR: *EDITARES/CEAEC;* 8ª Ed. Eletrônica; 2013; p. 11.019 a 11.023).

Sinonímia: 1. Zona de inconforto. 2. Zona de autoconflitividade. 3. Prurido intraconsciencial. 4. Incômodo intrapessoal. 5. Crise de crescimento. 6. Desconfortologia.

Antonimologia: 1. Zona de conforto. 2. Pacificação íntima. 3. Zona de autoinconflitividade. 4. Confortologia.

Reavaliação. A maneira pela qual as consciências interpretam ou avaliam os fatos pode ser, em grande parte, a causa dos incômodos e outras emoções desprazíveis. Reavaliar cognitivamente as autovivências, reciclando o modo de pensar e diminuir o impacto emocional frente aos eventos estressores, minimiza a amofinação intraconsciencial e favorece a mudança comportamental.

Analogia. O diamante e o grafite são substâncias simples, alotrópicas, formadas apenas pelo componente químico carbono. A diferença entre eles é a estrutura atômica coerente, coesa e com poucas falhas dos valiosos brilhantes. Analogamente, a *consciência-grafite* pode tornar-se *consciência-diamante,* aumentando o grau de coerência entre o pensar, o sentir e o agir.

Autossaturação. Entre as maiores causas da entrada na zona de desconforto está a da consciência estar saturada de si mesma, abarrotada da própria maneira de pensar, sentir e agir incoerentes. Tal desconforto pessoal, admonitório, pode prenunciar reciclagens intraconscienciais iminentes, já que o incômodo pode promover a desacomodação do padrão da automanifestação.

Verbação. A incongruência entre o *verbo* e a *ação* (verbação) pode provocar autopertúrbios e desconfortos psicológicos, a exemplo de ansiedade, distimia, timidez, transtornos obsessivos. Tais sintomas podem não ser motivados exclusivamente pela situação de autoincoerência, mas tendem a ser reforçados por essa condição intraconsciencial nosográfica.

Rendimento. A igualdade de ânimo, nas vivências prazerosas e desprazerosas, a fixação no rentável e a serenidade, independente da consciência estar na zona de conforto ou desconforto, podem indicar a incorruptibilidade, precedendo a pacificação íntima. Cada consciência tem o poder intransferível de mudar a si mesma.

Coerência. Os 15 exemplos nosográficos de zonas de desconforto, listados em ordem alfabética, em contraponto à condição homeostática, podem ser vivenciados pelas consciências ainda incautas quanto à própria coerência. A habilidade alheia ao lidar com adversidades pode funcionar tal qual espelho onde os indivíduos se autoavaliam (fica o convite ao leitor ou leitora):

01. **Ansiosismo:** o ansioso frente à anticonflitividade alheia.

02. **Avareza:** o *miserê* perante a conscin *large*, generosa e doadora.

03. **Corrupção:** o político corrupto perante a cosmoética do colega.

04. **Derrotismo:** o derrotista frente aos compassageiros evolutivos automotivados.

05. **Dogmatismo:** o *lavador de cérebros* ante o pesquisador independente.

06. **Egão:** o egoísta perante a generosidade das demais consciências.

07. **Inadaptação:** o intermissivista inadaptado frente ao voluntário de instituição pró-evolutiva.

08. **Incompléxis:** o incompletista existencial perante proexista exitoso.

09. **Omissão:** o autopesquisador sem publicações perante os demais autores.

10. **Perdularismo:** o comprador compulsivo perante a inteligência financeira do poupador.

11. **Preguiça:** o preguiçoso diante da prontidão do colega evolutivo.

12. **Pusilanimidade:** o covarde perante a autodeterminação da conscin arrojada.

13. **Queixa:** o poliqueixoso diante do silêncio da consciência resolutiva.

14. **Tabagismo:** o tabagista perante a legislação antifumo.

15. **Vítima:** o autovitimizador frente à consciência resiliente autossuperadora.

A *ZONA DE DESCONFORTO* ***VIVENCIADA PELA CONSCIN INTERMISSIVISTA É A*** *OPORTUNIDADE EVOLUTIVA* ***ÍMPAR PROMOTORA DE*** *RECICLAGENS INTRACONSCIENCIAIS,* ***EMBASADAS NA COERÊNCIA DAS AUTOMANIFESTAÇÕES.***

Autoquestionamento. Você, leitor ou leitora, considera a possibilidade do autodesperdício? Caso falte certeza na resposta, sugere-se prosseguir pacientemente com a leitura da próxima seção, a Antidesperdiciologia.

SEÇÃO III
ANTIDESPERDICIOLOGIA

15. *Era da Lucidez*

Lucidez. A *unidade de medida* da lucidez da **conscin intermissivista** pode ser vista como sendo a oportunidade de acessar o neoideário e a sua aplicação prática de imediato, a fim de o ego renovar-se intraconsciencialmente. Se nada ocorrer após tomar consciência da ideia avançada, evidencia o real nível evolutivo consolidado.[21]

Definição. A *Era da Lucidez* é o período iniciado, hipoteticamente, nas duas últimas décadas do Século XX, demarcado pelo surgimento da Neociência Conscienciologia e caracterizada pelo discernimento das consciências quanto às prioridades evolutivas e à assunção das responsabilidades, pessoais e coletivas, concernentes à construção do Planeta-Educandário em substituição ao Planeta-Nosocômio.

Sinonímia: 1. *Era do discernimento.* 2. *Ciclo da lucidez.* 3. *Era evolutiva.*

Antonímia: 1. *Era do obscurantismo.* 2. *Era do dogmatismo.* 3. *Ciclo da insânia.*

Ciclos. A História da Humanidade possui evidências de variadas *eras,* especialmente relacionadas com aspectos geofísicos e climáticos. Contudo, os impactos mais contundentes ocorreram a partir de marcos ideativos, períodos profícuos renovadores da mentalidade geral, do pensamento e comportamento humanos, individuais e coletivos.

---

21 **Vieira,** Waldo; ***Léxico de Ortopensatas;*** Foz do Iguaçu, PR: *EDITARES;* 2014; p. 994.

Lucidez. A lucidez pode ser também compreendida como o intervalo de sanidade, higidez, entre períodos de confusão mental e de obnubilação do discernimento. Entre os períodos patológicos ou imaturos das Sociedades Humanas registrados pela História, houve momentos de maior tino de racionalidade e bom-senso, influenciando as etapas seguintes e impulsionando a evolução no orbe.

Contraponto. A Conscienciologia surge no auge do materialismo e do capitalismo contemporâneos, ao modo de contraponto antidogmático e antidesperdício perante a banalização do tempo evolutivo e das oportunidades existenciais, ainda negligenciadas.

Desorientação. Domenico de Masi realiza exaustivo percurso pelos principais modelos de vida que nortearam a Humanidade desde a Antiguidade, na obra *Il futuro è arrivato* (publicado no Brasil em 2014 com o título *O Futuro Chegou: Modelos de Vida para uma Sociedade Desorientada*). Na análise do que ele chama de *modelo pós-industrial*, argumenta estar a sociedade humana professando um único rito, o consumo; uma única moral, a de *ter nunca ser o bastante* e *abusar nunca ser demais*. Para o autor, o modelo em análise chafurda no supérfluo, refletindo a ausência de lucidez quanto à oportunidade de mudança paradigmática pró-evolutiva deste início de Século XXI (V. **Masi,** Domenico de; ***O Futuro Chegou: Modelos de Vida para uma Sociedade Desorientada;*** Rio de Janeiro, RJ: *Casa da Palavra;* 2014; p. 590).

Marcos. Vale a reflexão sobre 9 marcos ideativos civilizatórios ocidentais, sendo 5 amplificadores e 4 redutores da lucidez consciencial, listados em ordem cronológica e classificados em 2 grupos distintos:

A. **Amplificadores:**

1. Helenismo – Grécia Antiga (Séculos III a I a.e.c.).

2. Classicismo Romano (Século II a.e.c.).

3. Renascimento (Séculos XV a XVII).

4. Iluminismo (Século XVIII).

5. Conscienciologia (Século XX em diante).

B. **Redutores:**

6. Feudalismo (Século V a XV).

7. Absolutismo monárquico.

8. Totalitarismo.

9. Fundamentalismo religioso.

Antigenuflexão. O dogmatismo religioso, em suas mais variadas faces, em qualquer tempo histórico, tem se apresentado como um dos principais redutores do autodiscernimento das consciências. A *Era da Lucidez,* quando implantada em sua plenitude, vai demarcar o fim da genuflexão ideativa imposta pelas religiões alienantes.

Evidências. Algumas evidências da *Era da Lucidez* em curso, já podem ser percebidas nestas duas primeiras décadas do Século XXI, a exemplo das 29 relacionadas a seguir, em ordem alfabética:

01. Acordos internacionais de desminagem (erradicação de minas terrestres).

02. Ampliação da Ética Humana à Cosmoética.

03. Ampliação do Direito ao Paradireito.

04. Bibliotecas, enciclopédias e livros acessíveis por meio de domínio público e acesso gratuito.

05. Conexão planetária por meio da *World Wide Web.*

06. Convenções internacionais sobre os refugiados de guerras, da fome e da opressão.

07. Convenções internacionais sobre todas as formas de discriminação consciencial.

08. Crescimento da liberdade de expressão em todo tipo de mídia.

09. Crescimento de iniciativas comunitárias de trabalho e melhoria da qualidade de vida.

10. Erradicação de doenças e melhoria das condições gerais de saúde das populações.

11. Escrita de obra coletiva, aberta e voluntária, a exemplo da *Enciclopédia da Conscienciologia.*

12. Formação da *Comunidade Conscienciológica Cosmoética Internacional.*

13. Implantação de localidades específicas com objetivo de impulsionar a evolução, ao modo de *cidades do conhecimento* (Cognópolis).

14. Instituições centradas na melhoria da consciência inteira *(Instituições Conscienciocêntricas).*

15. Movimento da Anistia Internacional.

16. Movimento internacional do trabalho voluntário.

17. Movimento internacional pela rejeição à violência e implantação da *Cultura de Paz.*

18. Movimentos internacionais de consumo consciente e sustentável.

19. Movimentos internacionais pela erradicação da pobreza.

20. Movimentos internacionais pelo fim do trabalho escravo.

21. Movimentos internacionais pelos direitos dos animais.

22. Organizações não governamentais de ajuda humanitária, a exemplo de *Médicos sem Fronteiras.*

23. *Princípio da descrença,* proposto amplamente pela Ciência Conscienciologia, na condição de vacina antidogma às verdades absolutas de natureza religiosa, política, científica e filosófica.

24. Proposição da edificação do Estado Mundial[22].

---

22 O *Estado Mundial* é a política de cooperação, intercâmbio e integração universalista entre as Nações, conquista possível devido aos avanços tecnológicos, sendo inevitável o consenso ou a homogeneização gradual das leis e regras regendo esse regime, respeitando os direitos individuais ou culturais de determinada população (V. **Vieira,** Waldo, ***Homo sapiens pacificus;*** Foz do Iguaçu, PR, 2007; *CEAEC;* p. 798).

25. Protocolos internacionais de prevenção ao tráfico internacional de pessoas.

26. Queda acentuada da mortalidade infantil.

27. Queda acentuada no consumo de tabaco (tabagismo) em todo o Planeta.

28. Queda nos índices de analfabetismo e aumento do nível geral de alfabetismo.

29. Tratados internacionais de proibição de testes nucleares.

Axiologia. Importa compreender o valor evolutivo da autolucidez consciencial e da autocoerência manifesta nas atitudes antidesperdício. Na *Era da Lucidez* as condições consideradas favoráveis pela Sociedade Intrafísica, ainda desnorteada, não resolvem a evolução humana se não houver a utilização máxima do discernimento. *Antiautodesperdício é autodiscernimento.*

NA ERA DA LUCIDEZ OS AUTODESPERDÍCIOS ESTARÃO ERRADICADOS A PARTIR DA PRIORIZAÇÃO, PELA CONSCIÊNCIA ATILADA, DOS COMPROMISSOS ASSUMIDOS FRENTE ÀS DEMANDAS INTERASSISTENCIAIS DO PLANETA-HOSPITAL.

Autoquestionamento. Você, leitor ou leitora, tem discernimento quanto ao fato de ser esta a sua existência de maior lucidez em toda fieira de renascimentos? Quais proveitos evolutivos vem obtendo perante tal constatação?

16. Profilaxia do Autodesperdício

Autodesperdício. O pior desperdício da personalidade humana é a **autocognição** teática quando ociosa, sem maiores aplicações evolutivas cosmoéticas.[23]

Definição. A *profilaxia do autodesperdício* é a técnica ou conjunto de atitudes, posturas, comportamentos, escolhas, priorizações, decisões, propósitos e procedimentos adotados pela consciência lúcida, homem ou mulher, evitando o desperdiçamento de oportunidades, traf*o*res, habilidades, inteligências, genialidades, ideias inatas, relacionamentos, *reencontros de destino* e aportes existenciais, catalisadores da realização da programação existencial pessoal e coletiva (**Manfroi,** Eliana; ***Evitação do Autodesperdício;*** verbete; In: **Vieira,** Waldo; Org.; ***Enciclopédia da Conscienciologia;*** Foz do Iguaçu, PR: *EDITARES/CEAEC;* 8ª Ed. Eletrônica; 2013; p. 4.855 a 4.860).

Sinonímia: 1. Autoindisperdício evolutivo. 2. Profilaxia do autoperdularismo. 3. *Inteligência evolutiva* aplicada. 4. Evitação da autossabotagem; prevenção do autoengano.

Antonímia: 1. Esperdício de traf*o*res. 2. Ectopia consciencial. 3. Autoavareza. 4. Autoboicote existencial. 5. Autoengano crasso. 6. Autoassédio.

Coloquialismo. Algumas expressões populares traduzem bem o processo do autodesperdício: o ato de *fazer gol contra;* o fato de *perder o bonde*

23 **Vieira,** Waldo; ***Léxico de Ortopensatas;*** Foz do Iguaçu, PR: *EDITARES;* 2014; p. 184.

da História; o ato de *puxar o próprio tapete;* o ato de *tropeçar nas próprias pernas;* o ato de *dar tiro no pé.*

Acerto. Por outro lado, há expressões que sintetizam a ideia contrária: a atitude de *encontrar o fio da meada* do próprio projeto de vida; o fato de agir *em cima do lance* quanto às escolhas evolutivas; o ato de *acertar na mosca* quanto à essência da programação existencial.

Inteligência. O fato de não se autodesperdiçar evidencia razoável grau de *inteligência evolutiva* da consciência. O nível dessa inteligência transparece nas prioridades evolutivas, perante a escolha lúcida do que é efetivamente relevante.

Descarte. Em tese, será muito difícil a consciência conseguir aproveitar todas as oportunidades que se apresentam. O *toque* de genialidade evolutiva está exatamente em saber descartar algumas, sem apegos e dramatizações.

Autoposicionamento. Eleger algo na condição de prioritário exige, concomitantemente, abrir mão de inúmeras outras possibilidades. Trata-se de pagar o preço pela decisão do mais relevante, desapegando-se das demais, mas com ganhos evolutivos perceptíveis. Trata-se do *bônus do não:* o que se *ganha* ao *perder* algo (**Teles,** Mabel; ***Bônus do Não;*** verbete; In: **Vieira,** Waldo; Org.; ***Enciclopédia da Conscienciologia;*** Foz do Iguaçu, PR: *EDITARES/CEAEC;* 8ª Ed. Eletrônica; 2013; p. 2.535 a 2.539).

Exemplo. Para auxiliar na compreensão do significado prático do *bônus do não,* vale citar alguns exemplos. Na Conscienciologia, a expressão *maxidissidência ideológica* significa a opção lúcida da consciência em abrir mão da participação em grupo doutrinador, sectário e opressor, em favor de ideário libertador e antidogmático, ao modo da pessoa religiosa fanática ao deixar instituição antiuniversalista.

Caso. Exemplário clássico é o caso do indivíduo militante político radical, deixar o extremismo partidário em prol do trabalho voluntário em instituição voltada ao livre pensar e ao abertismo consciencial pró-evolutivo.

Deposição. Outro exemplo esclarecedor são as *descensões cosmoéticas,* a prática de, aparentemente, recuar, declinar, realizar a deposição de algo, em favor da auto e heteroevolução. Exemplo de descensão pró-evolutiva é o fato de a consciência abrir mão de cargos de poder e acumulação de dinheiro quando representam riscos à autocosmoeticidade.

Megaprofilaxia. A ausência de lucidez perante o *trinômio sexo-poder-dinheiro* é responsável pela derrocada de civilizações e indivíduos em toda História Humana registrada. Na contemporaneidade, esse trinômio ainda tem exercido efeito letal sobre as consciências desavisadas quanto às seduções dos pseudoprazeres. A consciência lúcida e determinada quanto ao próprio norte evolutivo, utiliza a força da vontade inquebrantável para superar a sedução secular do trinômio citado.

Antecipação. A Conscienciologia vem pesquisando exaustivamente as medidas megaprofiláticas à tríade sexo-poder-dinheiro. Destaca-se, entre as variadas técnicas, a do trinômio composto pelas estratégias, evidentes diferenciais dessa Neociência em relação a outras linhas de investigação sobre a consciência: *trinômio inversão existencial–duplismo evolutivo–tarefa energética pessoal.*

Inversão. A *técnica da inversão existencial,* a invéxis, pode ser sintetizada como a antecipação inteligente da produtividade útil na existência da consciência, desde a juventude, por meio do planejamento máximo da vida humana rumo ao completismo existencial. Composta por escolhas calculadamente pró-evolutivas, a invéxis constitui uma das principais medidas de profilaxia do autodesperdício (V. **Nonato,** Alexandre; *et. al.;* ***Inversão Existencial: Autoconhecimento, Assistência e Evolução desde a Juventude;*** *Editares;* 2011; páginas 22 a 42).

Requisitos. A inversão existencial é uma das estratégias evolutivas mais avançadas da Conscienciologia e, talvez, por essa complexidade, uma das mais polêmicas. Vale destacar algumas evitações a serem efetivadas pelas consciências jovens candidatas à aplicação da técnica, a exemplo de: a opção lúcida por não ter filhos mediante a constatação de tal fato acarretar compromisso com a consciência ressomante por, no mínimo, 18 anos;

a opção lúcida pela evitação do aborto, prevenindo autoculpa e interprisões; a opção lúcida por não efetivar o casamento civil ou religioso, buscando a *técnica da dupla evolutiva,* descrita em seguida; a opção lúcida por não consumir drogas lícitas ou ilícitas devido às consequências nefastas de tal hábito (V. **Nonato,** Alexandre; *et. al.; **Inversão Existencial: Autoconhecimento, Assistência e Evolução desde a Juventude;*** Foz do Iguaçu, PR: *Editares;* 2011; p. 50 e 51).

Duplismo. A *técnica da dupla evolutiva* é a composição lúcida da díade constituída por um homem e uma mulher, que abrem mão conscientemente das expectativas convencionais quanto à vivência a 2, a exemplo do casamento formal e filhos, para otimizarem ao máximo a própria evolução, iniciando pela interassistência dentro de 4 paredes, entre o próprio casal. Constitui uma das principais medidas de profilaxia aos desvios pela sexualidade imatura e carências afetivas (**Vieira,** Waldo; ***Manual da Dupla Evolutiva;*** Rio de Janeiro, RJ: *IIPC;* 1997; p. 10 a 168).

Tenepes. A *tarefa energética pessoal,* a tenepes, é o compromisso diário de exteriorização de energias homeostáticas pela consciência, atuando em parceria com os amparadores extrafísicos, sem misticismos e ritualismos, assistindo a quem necessitar, sejam conscins ou consciexes.

Rede. Trata-se de auxílio anônimo, realizado pela pessoa em um ambiente onde apenas ela está presente, em termos intrafísicos, mas conta com abrangente rede de auxiliares de ampla equipe extrafísica. É uma tarefa para o resto da vida humana, quando o assistente disponibiliza as próprias energias salutares e o equilíbrio pessoal no auxílio a outras consciências para também desfrutarem dessa condição, fundamental nos esforços de autorrenovação (**Waldo,** Vieira; ***Manual da Tenepes;*** Rio de Janeiro, RJ: *IIPC;* 1995; p. 11).

Aprofundamento. Fica a recomendação ao leitor e leitora para aprofundar tais técnicas avançadas pesquisando nas obras conscienciológicas publicadas, notadamente os manuais já indicados na referenciação bibliográfica.

Alerta. Importa alertar que este livro não pretende estimular ou gerar uma *síndrome da urgência* como se o Planeta fosse acabar amanhã e tudo precisasse ser resolvido *agora*. Evitar a ansiedade perante as escolhas evolutivas é evitar erros crassos na própria condução da existência (V. **Vieira,** Waldo; ***Dicionário de Argumentos da Conscienciologia;*** Foz do Iguaçu, PR: *EDITARES;* 2014; p. 127).

Passos. Toda jornada inicia com o primeiro passo e a longa viagem rumo à autocognição também segue essa máxima. Nos empreendimentos essenciais da vida, a ponderação e o discernimento são companheiros indispensáveis.

Açodamento. Realizar excesso de atividades simultaneamente é uma das prováveis causas para o autodesperdício. A ansiedade existencial é o caminho mais curto para a ausência de realizações. Fica a falsa sensação de estar produzindo muito, mas os resultados efetivos são mínimos e pulverizados.

Acumulação. A evitação do autodesperdício é um estilo de manifestação consciencial que exige atenção diária da consciência, com pequenas atitudes profiláticas de resultados acumulados significativos. A *técnica do dia evolutivamente útil* atende a essa demanda.

TÉCNICA DO DIA EVOLUTIVAMENTE ÚTIL

Tecnicidade. A *técnica do dia evolutivamente útil* é a estratégia diuturna de aproveitamento de cada nova oportunidade diária para desenvolver 3 aspectos considerados indispensáveis em 24 horas realmente produtivas:

1. **Cognição:** aprender algo novo (neoaprendizado), *todos os dias*.

2. **Interassistência:** auxiliar alguém, nem que seja a si mesmo (neoassistência), *todos os dias*.

3. **Produção:** produzir neoideias úteis, por escrito (neoprodutividade), *todos os dias*.

Sequência. Autoprescritiva, a *técnica* em análise é desenvolvida a partir do sequenciamento de 3 passos, descritos a seguir em ordem funcional.

Vale reforçar aos leitores a importância de equilibrar a realização da tríade proposta, evitando realizar apenas um dos passos e negligenciar os demais. São eles:

Passo 1 – Neoaprendizado. Organizar a agenda pessoal diária de modo a dedicar tempo fixo, de preferência, à leitura crítica, estudos e pesquisas em fontes úteis. Vale observar outras fontes de neocognição, a exemplo de conversas e troca de ideias úteis com outras pessoas; visitas às livrarias e bibliotecas; frequentar cursos e palestras e viagens de pesquisa. *Dicas:* registrar ao máximo as neoideias oriundas das atividades cognitivas realizadas no dia; organizar o local de trabalho intelectual criando o ambiente favorável às neocognições; autorreflexão também é neoaprendizado.

Passo 2 – Neoassistência. Organizar a agenda pessoal diária de modo a dedicar tempo a alguma modalidade interassistencial avançada, a exemplo do trabalho voluntário em instituição pró-evolutiva, docência esclarecedora voluntária, doação diária de energias salutares em horário fixo (tenepes), entre outras. *Dica:* ficar atento às demandas interassistenciais extrapauta, notadamente as multidimensionais.

Passo 3 – Neoprodutividade. Organizar a agenda pessoal diária de modo a dedicar tempo fixo, de preferência, à produção escrita útil, sejam relatos de experiências, artigos, livros, cursos, entre outras modalidades. *Dica:* procure cercar-se de livros e materiais de referência a exemplo de dicionários, enciclopédias, tratados técnicos e bases de dados digitais.

Mito. A ideia de a auto-organização e as rotinas úteis *engessarem* a criatividade e a produção heurística é mito contemporâneo com os dias contados. A produtividade original da consciência disciplinada é, na maioria dos casos, maior e de melhor qualidade do que a dos indivíduos desorganizados, a espera dos 99% de inspiração sem nem 1% de transpiração.

Flexibilidade. Rigidez e inflexibilidade não são sinônimos de disciplina e organização, tanto intrafísica quanto mentalsomática. O abertismo às ideias e inspirações originais potencializa o parapsiquismo intelectual

(V. **Vieira,** Waldo; Org.; ***Parapsiquismo Intelectual; Enciclopédia da Conscienciologia;*** *EDITARES/CEAEC;* 8ª Ed. Eletrônica; 2013; p. 8.138 a 8.141).

Cotidianidade. O completismo existencial é o resultado dos minicompletismos diários. A análise de um único dia do indivíduo, homem ou mulher, pode fornecer indícios da tendência para uma vida inteira. O intermissivista, atilado, busca auto-organizar-se para vivenciar a semana de *7 dias evolutivamente úteis.*

A** EVITAÇÃO DO AUTODESPERDÍCIO É **COMPROMISSO PRIORITÁRIO DA CONSCIÊNCIA LÚCIDA, RESPONSÁVEL EM DISTINGUIR O IMPRESTÁVEL DO ESSENCIAL, O SUPÉRFLUO DO NECESSÁRIO, O OBSOLETO DO EVOLUTIVO.

Autoquestionamento. Você, leitor ou leitora, considera aplicar técnicas profiláticas ao autodesperdício? Já pensou em criar as próprias técnicas pró-evolutivas e publicar tais estratégias em futuro próximo? (Fica a dica).

17. Evitação da Auto-obsolescência

Intolerância. A intolerância é uma das maiores irracionalidades humanas, pois implica desperdiçar em bloco as oportunidades evolutivas. Contudo, não devemos ser inertes perante a obsolescência e precisamos nos esforçar a favor das neoideias evolutivas.[24]

Definição. A *evitação da auto-obsolescência* é o ato ou efeito de a consciência atilada, homem ou mulher, atualizar evolutivamente a maneira de pensar, a automanifestação e o próprio currículo existencial, esquivando-se da condição anacrônica de ancestral de si mesmo (V. **Manfroi,** Eliana; ***Evitação da Autobsolescência;*** verbete; In: **Vieira,** Waldo; Org.; ***Enciclopédia da Conscienciologia;*** verbete apresentado no *Tertuliarium/CEAC,* Foz doIguaçu, PR, em: 16.06.2015).

Sinonímia: 1. Profilaxia da auto-obsolescência. 2. Evitação do autoanacronismo. 3. Evitação do autoconservantismo. 4. Profilaxia da autofossilização. 5. Superação da autoextemporaneidade.

Antonímia: 1. Auto-obsolescência. 2. Autoanacronismo. 3. Autoarcaísmo.

Auto-obsoletismo. Considerada uma das faces menos evidentes do perfil consciencial autodesperdiçador, o auto-obsoletismo manifesta-se, principalmente, no terreno ideativo, ou seja, na maneira obsoleta de pensar e agir.

24 **Vieira,** Waldo; ***Léxico de Ortopensatas;*** Foz do Iguaçu, PR: *EDITARES;* 2014; p. 917.

Mimetismo. Exemplos contemporâneos de pessoas ou grupos que buscam reproduzir o modo de vida medieval, por exemplo, vestindo-se e vivendo em condições semelhantes, ilustram esse tipo de ectopia existencial. Na Conscienciologia, tal processo é denominado automimese dispensável.

Contraproducência. Vieira conceitua com exatidão tal condição de auto-obsolescência no verbete homônimo: "O *antepassado de si mesmo* é a consciência *cujo passado não passou,* tentando viver, hoje, repetindo, inconscientemente, tudo já feito e ultrapassado em várias vidas humanas prévias (Seriexologia), por intermédio de *automimeses dispensáveis,* inconvenientes e contraproducentes perante a própria evolução consciencial" (**Vieira,** Waldo; Org.; ***Antepassado de Si Mesmo; Enciclopédia da Conscienciologia;*** Foz do Iguaçu, PR: *EDITARES/CEAEC;* 8ª Ed. Eletrônica; 2013; p. 650 a 655).

Revivalismo. Manifestar-se na vida atual com a mesma mentalidade e atitudes de existências anteriores é desperdiçar as oportunidades de renovação e atualização evolutivas. Trata-se de *marcar passo* e *andar em círculos* em relação às demandas de reciclagem na *Era da Lucidez.* Auto-obsoletismo é autodesperdício.

Autoavaliação. Importa ao antidesperdiçador, realizar o diagnóstico da própria obsolescência por meio da autoavaliação sincera, a exemplo das 19 manifestações conscienciais obsoletas, porém ainda vigentes, listadas em ordem alfabética:

01. **Analfabetismo:** o iletramento; a ausência de erudição e cognição mínimas.

02. **Belicismo:** a violência verbal e física; a competitividade exagerada.

03. **Bifrontismo:** a inautenticidade; a dissimulação; a manipulação.

04. **Consumismo:** a irracionalidade de adquirir itens não necessários.

05. **Dogmatismo:** as concepções tomadas ao modo de verdades absolutas.

06. **Fechadismo:** a fobia ao novo e às mudaças autorrenovadoras.

07. **Homofobia:** os preconceitos espúrios; a moral puritana e anacrônica.

08. **Infantilismo:** os desejos e birras infantilizadas do adulto imaturo.

09. **Interiorose:** a vida restrita ao *mundinho* das ideias e da convivialidade diminutas.

10. **Irritabilidade:** o comportamento irascível e intolerante a qualquer frustração.

11. **Monarquismo:** as posturas despóticas, jactantes e de subjugação alheia.

12. **Monoglotismo:** a pobreza da intercomunicação ao falar apenas a língua materna.

13. **Partidarismo:** a ausência do sobrepairamento inteligente, optando por facções reducionistas.

14. **Poliqueixismo:** as queixas intermináveis e a busca por favoritismos.

15. **Radicalismo:** a monovisão respaldando posturas extremistas e excludentes.

16. **Religiosismo:** a genuflexão ideativa e o servilismo acrítico à dogmática religiosa.

17. **Sexismo:** a ignorância quanto à condição de, em essência, a consciência ser assexuada, manifetando-se ora em soma feminino, ora masculino.

18. **Teimosia:** a ausência de autocrítica mínima e resistência às autorreciclagens.

19. **Vitimização:** a postura pessoal de *vítima do Universo*.

Multiexistencialidade. A partir do princípio das múltiplas existências da consciência, é factível a continuidade de determinada atividade ou comportamento do passado manifestar-se na atual vida. Contudo, urge avaliar se tal recorrência é traf*o*r ou traf*a*r, este último caracterizando a automimese antievolutiva. O cotejo proposto a seguir objetiva auxiliar a autorreflexão sobre o tema.

Confrontologia. Sob a ótica da *Cotejologia,* eis, por exemplo, 9 aspectos relativos às retrovivências estagnadoras, comparados com a neomanifestação impulsionadora da auto-evolução, em ordem alfabética:

1. **Autorado:** no *passado,* o escritor de Literatura; no *presente,* o autor de obra técnica.

2. **Duplismo:** no *passado,* a promiscuidade irresponsável; no *presente,* a dupla evolutiva afetiva, exitosa.

3. **Expressão:** no *passado,* a autorrepressão comunicativa; no *presente,* o histrionismo didático.

4. **Oratória:** no *passado,* a eloquência oportunista; no *presente,* a Debatologia Cosmoética.

5. **Política:** no *passado,* a demagogia manipuladora; no *presente,* a consciência democrática.

6. **Postura:** no *passado,* o voto de pobreza; no *presente,* a vivência da frugalidade complexa.

7. **Psicossoma:** no *passado,* o primado da Arte; no *presente,* o megafoco mentalsomático.

8. **Semblante:** no *passado,* a *facies* carrancuda; no *presente,* o sorriso sincero.

9. **Tarefa:** no *passado,* o assistencialismo religioso; no *presente,* o voluntariado tarístico.

Prioridade. Manter as prioridades evolutivas atualizadas é profilaxia ao auto-obsoletismo. Contudo, é inteligente, sob a ótica da Evoluciologia, avaliar as novas demandas em relação às priorizações já estabelecidas e, se necessário, resistir às mudanças desnecessárias.

A *EVITAÇÃO DA AUTO-OBSOLESCÊNCIA* ***É CLÁUSULA IMPRESCINDÍVEL À AGENDA EVOLUTIVA DE TODA CONSCIÊNCIA MOTIVADA QUANTO ÀS*** *RECICLAGENS E NEOPOSTURAS* ***NO PARADIGMA CONSCIENCIAL.***

Autoquestionamento. Você, leitor ou leitora, vem reciclando traços conscienciais obsoletos e anacrônicos? Quais as estratégias profiláticas utilizadas para evitar tornar-se uma consciência *peça de museu*?

18. Audácia Prudente

Audácia. Em tese, a **audácia** é preferível à *pusilanimidade* nos empreendimentos proexológicos. *Quem não se aventura, não perde, mas também não ganha.*[25]

Definologia. A *audácia prudente* é a aptidão ou manifestação hígida, sadia, da conscin, homem ou mulher, ao associar o arrojo, a ousadia, com a ponderação, a sensatez e a racionalidade nas próprias atitudes, posicionamentos e escolhas evolutivas (V. **Manfroi,** Eliana; ***Audácia Prudente;*** verbete; In: **Vieira,** Waldo; Org.; ***Enciclopédia da Conscienciologia;*** verbete apresentado no *Tertuliarium/CEAEC,* Foz do Iguaçu, PR, em: 14.02.2014).

Sinonímia: 1. Arrojo sensato. 2. Coragem cautelosa. 3. Atrevimento ponderado. 4. Ousadia discernida. 5. Destemidez calculada. 6. Vanguardismo cauteloso. 7. Audácia justificada.

Antonímia: 1. Audácia imprudente. 2. Atrevimento impensado. 3. Coragem insensata. 4. Destemor irrefletido. 5. Impulsividade acrítica.

Evolução. Buscar a aceleração evolutiva exige certa dose de arrojo existencial por parte da consciência lúcida. Contudo, a audácia perante desafios e novas oportunidades requer elevadas doses de prudência e de racionalidade. Temperança lúcida é indicativa de *inteligência evolutiva.* Saber

25 **Vieira,** Waldo; ***Léxico de Ortopensatas;*** Foz do Iguaçu, PR: *EDITARES;* 2014; p. 149.

a hora de avançar, recuar ou aguardar, perante situação crítica, caracteriza a audácia prudente.

Riscomania. O desperdício da oportunidade evolutiva de viver, colocando em risco a ferramenta essencial nessa dimensão, o corpo humano, é recorrente na *Era da Fartura* de esportes radicais, entretenimento violento, vício em adrenalina e descompromisso ingênuo com a própria evolução.

Ingenuidade. Até mesmo atividades turísticas consideradas "inocentes" podem colocar o soma em risco e abortar precocemente o projeto de vida da consciência. Quantos turistas perdem a vida, por exemplo, nos passeios de barcos em locais de segurança precária, voos de balão, *rapel* em pretensos paraísos naturais perigosos, montanhismo inconsequente, entre tantos outros pseudodivertimentos, já referenciados no capítulo 10.

Autodiscernimento. Avaliando com racionalidade a importância e o compromisso da longevidade útil para a realização da programação existencial, vale a autorreflexão sobre o exercício de atividades profissionais a exemplo de jornalistas correspondentes de conflitos bélicos ou ainda colaboradores em causas humanitárias em zonas de risco.

Ousadia. Exemplo de ousadia calculada é a da pessoa na meia-idade (40 a 65 anos), abrindo mão das *algemas de ouro* em prol do voluntariado tarístico, situação considerada *desperdício* pela ótica da Sociedade Intrafísica, mas podendo indicar aproveitamento ótimo da própria vida. Desnecessário ressaltar que para abrir mão do trabalho "dos sonhos", o indivíduo deverá ter organizado o pé-de-meia proexogênico, ou seja, os recursos financeiros mantenedores da autossustentabilidade digna.

Resiliência. Outro aspecto singular referente à audácia prudente é ao fato de os reveses poderem fortalecer a consciência, tornando-a resiliente perante adversidades.

Autoassediologia. Sob a ótica da *Antiexemplologia,* eis, a título de exemplo, em ordem alfabética, relação de 8 perfis conscienciais classificados em 2 grupos, *audaciosos imprudentes* e *audaciosos prudentes:*

A. **Audaciosos imprudentes.**

1. **Ambientalista.** Voluntário de organização ambiental internacional invadindo instalações estatais com segurança armada.

2. **Ativista.** Militante dos direitos civis femininos em confronto direto com líderes radicais de país misógino.

3. **Diplomata.** Alto comissário da Diplomacia arriscando a própria vida em missão diplomática em zona de guerra.

4. **Jornalista.** Repórter cobrindo conflito armado diretamente no *front* de batalha.

B. **Audaciosos prudentes.**

1. **Cientista.** O cientista e pensador do passado negando a própria descoberta avançada para preservar a vida e seguir pesquisando.

2. **Escritor.** O autor de tema polêmico ao abrir mão da publicação imediata do texto e aguardar momento propício para divulgação, evitando risco à integridade física.

3. **Líder.** A liderança cosmoética, atratora ressomática, ponderando sobre contexto adequado à exposição de ideias avançadas (verpons).

4. **Parapsíquico.** O parapercepciólogo exímio camuflando extrapolacionismos parapsíquicos de ponta, aguardando pela formação de massa crítica consciencial passível de compreender o conteúdo dos fenômenos.

***A** AUDÁCIA PRUDENTE **EVIDENCIA O NÍVEL DE MATURIDADE DA CONSCIÊNCIA QUANTO AO** ARROJO **EXISTENCIAL** COSMOETICAMENTE CALCULADO **E A INTELIGÊNCIA EVOLUTIVA AO AVALIAR A** PRIORIDADE DOS DESAFIOS.*

Autoquestionamento. Você, leitor ou leitora, tem utilizado a audácia prudente perante os megadesafios da própria evolução? Já distingue o ato de realizar *voos cegos* do ato de caminhar com segurança mesmo em *trilha inóspita?*

19. Ônus da Diferença

Diferenciação. A cultura, intelectualidade, autocognição, erudição ou polimatia é o que diferencia mais os **Seres Humanos** uns dos outros.[26]

Definição. O *ônus da diferença* é o preço a ser pago pela conscin intermissivista lúcida, homem ou mulher, por transcender ou ultrapassar o nível de mediocridade do grupo evolutivo, manifestando cognições, comportamentos e posicionamentos qualitativamente diferenciados e extemporâneos quanto ao holopensene do *Zeitgeist* vigente (V. **Manfroi,** Eliana; ***Ônus da Diferença;*** verbete: In; **Vieira,** Waldo; Org.; ***Enciclopédia da Conscienciologia;*** apresentado no *Tertuliarium/CEAEC,* Foz do Iguaçu, PR, em: 01.10.2013).

Sinonímia: 1. Preço da invulgaridade. 2. Custo da diversidade. 3. Pedágio da dessemelhança. 4. Valor da desuniformidade. 5. Tributo da autenticidade. 6. Ônus da singularidade consciencial. 7. Ônus das ideias inatas intermissivistas.

Antonímia: 1. Bônus da igualdade. 2. Benefício da semelhança. 3. Ônus da equitabilidade consciencial.

Coloquiologia. A expressão coloquial *nadar contra a correnteza* exemplifica a essência do *ônus da diferença.*

---

26 **Vieira,** Waldo; ***Léxico de Ortopensatas;*** Foz do Iguaçu, PR: *EDITARES;* 2014; p. 527.

Ressalva. Vale alertar ao leitor ou leitora o fato de tal postura ser diferente de arrogância ou prepotência de considerar os intermissivistas enquanto seres "especiais" ou "distintos" perante os direitos inalienáveis à evolução de todas as consciências. Trata-se, sobremaneira, de autorrealismo quanto à condição diferenciada de quem decide evoluir e não se desperdiçar, apesar de todos os reveses do atual Planeta-Hospital.

Dissidências. As decisões tomadas por algumas consciências que pagam o preço pela diferenciação pró-evolutiva podem gerar incompreensões no grupo familiar e de convívio.

Maxidissidência. Exemplo de tal fato é a condição da *maxidissidência conscienciológica,* já citada, quando a pessoa deixa voluntariamente grupo convivencial incoerente com seus neovalores evolutivos ou mesmo quando ganha lucidez quanto aos aspectos sociosos, anticosmoéticos e estagnadores de tal convivência (V. **Luz,** Marcelo da; ***Onde a Religião Termina?;*** Foz do Iguaçu, PR: *Editares;* 2011; p. 19 a 28).

Ônus. A consciência autêntica paga o preço de desagradar a muitos compassageiros. Abrir mão de responder às expectativas das demais consciências é comportamento próprio do antidesperdiçador. Alerta: autenticidade consciencial não é agressividade verbal e ausência de *etiqueta evolutiva.*

Outsider. A condição de sentir-se "estranho no ninho", fora dos padrões do grupo de convivência mais próximo, pode levar alguns indivíduos a abrirem mão da própria invulgaridade para serem aceitos pelas consciências. Quando tal condição ocorre e perdura por longo período de tempo, a chance de acontecer autodesperdício é grande.

Talentos. Exemplo dessa ocorrência é o caso da consciência com múltiplos talentos e habilidades, "destoando" da família, dos colegas da escola e dos amigos, e que "abafa" os traf*o*res para evitar ser excluída ou sentir-se à margem do grupo. Os traços-força de uma consciência podem incomodar mais que os traços-fardos, levando à situação paradoxal de autorrepressão das próprias habilidades, muitas delas adquiridas e buriladas em sucessivas retrovidas.

Contabilidade. Eis, por exemplo, em ordem alfabética, 7 diferentes *preços* a pagar pela consciência antidesperdiçadora na *Era da Fartura*:

1. O *custo* da assunção do autonível evolutivo em contraponto aos escondimentos omissivos deficitários.

2. O *custo* da crise de crescimento em meio à zona de conforto generalizada.

3. O *custo* da dissidência da Ciência Eletronótica do autopesquisador.

4. O *custo* da omissão superavitária diante da superexposição narcisista.

5. *O custo* da reciclagem intraconsciencial perante a mesmice.

6. O *custo* das verdades relativas vivenciadas mediante o mimetismo estagnante.

7. O *custo* dos posicionamentos diferenciados em meio à mediocridade dominante.

Para-Historiologia. Sob a ótica da *Invulgarologia,* podem ser destacadas inúmeras personalidades históricas diferenciadas e oneradas pelas próprias ideias e comportamentos avançados, a exemplo da filósofa e matemática Hipátia de Alexandria (370–451), vitimada por misóginos e fanáticos religiosos e do jovem erudito e filósofo italiano, Giovanni Pico Della Miràndola (1463–1494), acusado de heresia por detratores católicos.

Conviviologia. O intermissivista atilado, homem ou mulher, busca interagir e se integrar à Socin e aos compassageiros, consciente do próprio papel interassistencial e da importância da ortoconvivialidade. Evita, ao máximo, sem realizar concessões antievolutivas, ser a *avis rara* ou o *esquisitão,* embora se diferencie pelo *modus operandi* cosmoeticamente qualificado.

Lucidologia. Segundo a *Autolucidologia* eis, por exemplo, em ordem alfabética, 9 especialidades conscienciológicas seguidas de traços e / ou posturas conscienciais diferenciadas, passíveis de gerar o ônus da diferença, mas, ao mesmo tempo, predispor o intermissivista ao recebimento de bônus evolutivo:

1. **Autocriticologia.** Criticidade cosmoética *predispondo* à heterocriticofilia intelectual.

2. **Descrenciologia.** Antidogmatismo explícito *predispondo* à autonomia ideativa.

3. **Exemplarismologia.** Incorruptibilidade alavancadora *predispondo* ao exemplarismo acachapante.

4. **Neofiliologia.** O neofilismo contínuo *predispondo* ao abertismo consciencial.

5. **Priorologia.** A radicalidade evolutiva *predispondo* à priorização existencial.

6. **Proexologia.** A autocoerência proéxica *predispondo* ao completismo existencial.

7. **Taristicologia.** A interlocução impactoterápica *predispondo* à interassistência tarística.

8. **Teaticologia.** A verbação pró-evolutiva *predispondo* à irresistibilidade cosmoética.

9. **Transparenciologia.** A autenticidade cosmoética *predispondo* à força presencial.

Mediocrização. Em pleno Século XXI, a Sociedade desorientada também prima pela valorização da mediocridade e superficialidade, *nivelando por baixo* seus componentes. Trata-se do desperdício do potencial ideativo de tantas consciências talentosas, polimáticas e que, em prol de não serem excluídas, terminam por fazer *mais do mesmo,* notadamente em relação às próprias escolhas existenciais, tema do próximo capítulo.

AO PAGAR O** ÔNUS DA DIFERENÇA,* ***A CONSCIÊNCIA CALCULISTA COSMOÉTICA *PRIORIZA A AUTOEVOLUÇÃO* ***E A INTERASSISTENCIALIDADE,*** *EM DETRIMENTO DOS APLAUSOS,* ***RECONHECIMENTOS E LÁUREAS DA SOCIN.***

Autoquestionamento. Você, leitor ou leitora, paga, sem titubear, o preço de bancar o próprio nível evolutivo, as neoideias e a tarefa do esclarecimento?

20. Escolhas Evolutivas Prioritárias

Escolha. Pela **qualidade da escolha** transparece o grau de inteligência da conscin.[27]

Definologia. A *escolha* é o posicionamento, preferência, predileção, eleição, opção da consciência perante duas ou mais possibilidades, considerando critérios pessoais para a tomada de decisão.

Escolhas. O termo *escolher* vem do idioma Latim, *excolligere,* "dar preferência a; joeirar; eleger; selecionar". Apareceu no Século XIII. A palavra *escolha* surgiu no Século XIV.

Prioridade. Priorização é palavra de ordem frente ao antidesperdício consciencial. A Etimologia do vocábulo auxilia a esclarecer sua importância. O termo *prioridade* vem do idioma Latim, *prioritas,* e este de *prior,* "o primeiro (na ordem numeral, e com relação a 2); o qual excede; sobrepuja; superior; mais importante; precedente; antecedente; dianteiro; que está mais avançado". Em síntese: prioridade é o que está em primeiro lugar. O que vem em *segundo* lugar pode não ser o prioritário.

Definologia. A *prioridade* é a condição da identificação da realidade mais relevante a ser colocada e atendida em primeiro lugar, no momento evolutivo, seja para a conscin, em si, ou para o grupocarma (V. **Vieira,** Waldo;

27 **Vieira,** Waldo; ***Léxico de Ortopensatas;*** Foz do Iguaçu, PR: *EDITARES;* 2014; p. 616.

Org.; ***Prioridade; Enciclopédia da Conscienciologia;*** Foz do Iguaçu, PR: *EDITARES/ CEAEC;* 8ª Ed. Eletrônica; 2013; p. 8.847 a 8.850).

Sinonímia: 1. Essencialidade. 2. Megarrelevância. 3. Primado; primazia.

Antonímia: 1. Irrelevância. 2. Secundário; supérfluo. 3. Superficialidade.

Evolutividade. A *escolha evolutiva prioritária* é a decisão da consciência lúcida, perante diferentes opções existenciais, considerando o critério evolutivo da relevância interassistencial e da amplitude dos efeitos decorrentes do autoposicionamento.

Antagonismologia. A autoprioridade é o antagonismo de autodesperdício.

Autorreflexão. Vale o leitor ou leitora refletir: quais aspectos considera relevantes perante as próprias decisões conscienciais máximas? Se a resposta não surgir facilmente, talvez as ponderações a seguir possam auxiliar nas autorreflexões.

Escolhologia. Eis 9 autoconsiderações, autoavaliativas, indicadas às consciências atiladas perante as decisões existenciais críticas:

1. **Autorrealismo.** *Não adianta se enganar.* O prioritário é singular, único, essencial, ou seja, é antidiscernimento fazer listagem com 10 prioridades existenciais. Quem tem uma dezena de prioridades, não tem nenhuma.

2. **Autoposicionamento.** *Não adianta tapar o sol com a peneira.* Para realizar o prioritário evolutivo, será necessário abrir mão, dizer "não" a outras tantas possibilidades. Saber o que descartar na *Era da Fartura* é tão importante quanto saber o que escolher. *Menos pode ser mais.*

3. **Autoconfiança.** *Não adianta querer agradar a todos.* Antes de realizar escolha prioritária, vale questionar se a opção por determinada tarefa é apenas para agradar os pares ou atender às expectativas do grupo evolutivo. Por vezes, *perder é ganhar.*

4. **Autocognição.** *Não adianta forçar a própria natureza.* Ao escolher algo na condição de prioridade evolutiva, é vital que ela tenha a ver com os

interesses, as dileções e o temperamento da consciência. Daí a importância da autopesquisa e autocognição.

5. **Anti-ingenuidade.** *Não adianta tentar ser herói.* Perante decisão existencial crítica avalie a duração da tarefa, o investimento de energias, de tempo, de recursos pessoais, a própria intencionalidade e a de quem solicitou a demanda. Se começou determinado projeto, conclua antes de aceitar outro. *Incompletismo gera melancolia intra e extrafísica* (melin e melex).

6. **Autoprudência.** *Não adianta decidir no calor da hora.* Evite comprometer-se imediatamente com algo que pareça, à primeira vista, *convite de amparador*. Pondere e solicite prazo para responder. Solicite o envio de *e-mail* com maiores detalhes sobre a proposta, por exemplo, evitando a reatividade impensada.

7. **Autodisponibilidade.** *Não adianta estar disponível para tudo.* A condição de disponibilidade evolutiva não é perdularismo ou ainda ausência de seletividade perante várias opções que se apresentam. Observe a diferença entre *estar ocupado* e *ser produtivo. Quem tudo quer, tudo pode desperdiçar.*

8. **Interassistencialidade.** *Não adianta querer salvar o Universo.* O discernimento quanto à pertinência de onde a consciência será mais útil é fundamental na hora de realizar escolhas prioritárias. Atualmente há fartura de *Instituições Conscienciocêntricas,* projetos, propostas de livros, cursos, empreendimentos desafiadores e interassistenciais, necessitando de braços e mentaissomas para serem materializados. Qual deles é a cláusula pétrea da sua programação existencial?

9. **Autoprioridade.** Não adianta *pular de galho em galho*. É inteligente verificar se a nova demanda "imperdível" está dentro do foco da prioridade evolutiva pessoal. Caso não seja convergente, bancar o *ônus do não,* já explicitado neste livro, e refletir profundamente sobre o que teria de abrir mão para assumir a neotarefa. Vale evitar a postura saltuária de *pular* de uma atividade para outra, de um relacionamento para outro, de uma instituição para outra.

Neoprioridade. Fica evidente que a consciência não terá uma única prioridade ao longo de toda existência (ou mesmo nas múltiplas existências). Novas prioridades se apresentam na medida em que etapas, ou patamares, são conquistados na escala evolutiva. Vale reforçar que a escolha evolutivamente inteligente vai considerar o contexto (e paracontexto), o cenário e os papéis existenciais desempenhados no momento da decisão.

Critérios. A construção de critérios racionais para realizar escolhas prioritárias é uma das estratégias da consciência antidesperdiçadora lúcida. Elencar princípios para realizar distinções fundamentais e estabelecer normas de confronto, avaliação e decisão perante realidades existenciais relevantes é fundamental para evitar correr o risco de trocar o essencial pelo secundário. Sem critérios nas escolhas é mais fácil errar e mais difícil acertar.

Evolução. Sob a ótica da *Conscienciologia*, o *critério evolutivo* é mais avançado em relação a outros parâmetros intrafísicos, ao considerar, por exemplo, as 9 qualificações criteriológicas pré-decisórias, ao modo de perguntas autoavaliativas, enumeradas em ordem alfabética:

1. **Cosmoeticidade:** o critério considera a Cosmoética ou apenas as convenções e normas morais da Sociedade Intrafísica?

2. **Holomaturidade:** o critério considera a maturidade consciencial integral, expressa pela manifestação sadia e discernida de todos os veículos de manifestação – soma, psicossoma, energossoma e mentalsoma?

3. **Interassistencialidade:** o critério considera o melhor para todos ou vai favorecer apenas a própria pessoa e / ou grupo mais próximo?

4. **Mentalsomaticidade:** o critério considera a importância da cognição avançada e da tarefa do esclarecimento permeando, ao máximo, as escolhas prioritárias?

5. **Multidimensionalidade:** o critério considera o parafato de nada ser unidimensional e a visão ampla, cosmovisiológica, incluir outras dimensões e consciências extrafísicas?

6. **Multiexistencialidade:** o critério considera as retrovidas da consciência, avaliando possíveis automimeses, aperfeiçoadoras ou estagnadoras?

7. **Ortoconvivialidade:** o critério considera respeitar todos os princípios conscienciais ou considera apenas os *direitos* do *Homo sapiens ilucidus?*

8. **Proexialidade:** o critério considera a coerência e a convergência das opções com o megafoco da autoproéxis ou sai totalmente do eixo da programação existencial já identificada?

9. **Racionalidade:** o critério considera aspectos lógicos, racionais e técnicos ao avaliar as opções sob análise?

Tecnologia. A Conscienciologia apresenta inúmeras técnicas evolutivas auxiliares quanto às escolhas prioritárias da consciência. Vale o destaque para 3 tecnologias práticas, factíveis, de autoria de Waldo Vieira, e com resultados comprovados, inclusive por esta autora, listadas em ordem alfabética:

1. ***Manual das Prioridades Pessoal*** (MPP): é o instrumento técnico personalíssimo capaz de orientar a conscin, homem ou mulher, quanto às escolhas ou determinações das metas essenciais para o autodesenvolvimento integral, holossomático, lúcido e cosmoético, de modo objetivo, planificado, organizado, na perspectiva do paradigma consciencial, contribuindo para o alcance do completismo existencial (**Vieira,** Waldo; ***Dicionário de Argumentos da Conscienciologia;*** Foz do Iguaçu, PR: *EDITARES;* 2014; p. 930).

2. ***Técnica da Autorreflexão de 5 Horas***: é a técnica de a conscin lúcida se dispor a recolher-se em holopensene tranquilo, desligar-se do mundo exterior, sem portar ou efetuar quaisquer anotações, e refletir profundamente sobre os temas mais relevantes e prioritários do momento evolutivo e da reciclagem existencial, durante 5 horas consecutivas (**Vieira,** Waldo; Org. ***Autorreflexão de 5 Horas; Enciclopédia da Conscienciologia;*** Foz do Iguaçu, PR: *EDITARES / CEAEC;* 8ª Ed. Eletrônica; 2013; p. 2.011 a 2.014).

3. ***Técnica de mais 1 Ano de Vida Intrafísica:*** é o conjunto de procedimentos visando a planificação máxima dos esforços conscienciais pró-evolutivos, a partir da suposição de a conscin, homem ou mulher aplicante, ter apenas 365 dias de existência na dimensão intrafísica (**Rodrigues,** E.; ***Técnica***

de mais 1 Ano de Vida Intrafísica; verbete; In; **Vieira,** Waldo; Org.; ***Enciclopédia da Conscienciologia;*** Foz do Iguaçu, PR: *EDITARES/CEAEC;* 8ª Ed. Eletrônica; 2013; p. 10.369 a 10.375).

Impacto. A perspectiva de possuir apenas mais 1 ano de vida no intrafísico, quando considerada seriamente, provoca efeito impactante na consciência lúcida ao ter que escolher o prioritário a realizar no curto tempo restante neste Planeta. Importa nessa técnica perguntar-se: o que não posso deixar de realizar na vida atual antes de dessomar, de *partir desta para outra?*

Profilaxia. A consciência antidesperdiçadora faz a profilaxia de situações-limite, a exemplo do diagnóstico de doença terminal, ao estar em dia com os compromissos existenciais, não deixando brechas, *gaps* ou atrasos importantes quanto à autoprodutividade evolutiva.

Auto-organização. Priorização e organização pessoal caminham de mãos dadas. A consciência com autodisciplina pró-evolutiva tem mais clareza do que é prioritário, pois já *limpou* as próprias gavetas, a agenda pessoal e os bagulhos supérfluos no seu cotidiano, desde objetos até ideias ultrapassadas. A auto-organização é antípoda ao autodesperdício.

Desafio. Organizar a própria vida, e mantê-la organizada, é um dos maiores desafios frente à autodecisão de antidesperdício consciencial. A primeira disciplina é a dos pensamentos, sentimentos e energias. Contudo, a mesa de trabalho organizada, materiais arquivados em pastas identificadas, agenda em dia, rotina de trabalho intelectual mantida, entre outros hábitos sadios, contribuem sobremaneira para a ortopensenidade (pensenes sadios).

Técnica. Ao organizar-se a consciência já exercita a priorização, pois terá que excluir as excrescências, os supérfluos, os bagulhos energéticos e pensênicos do entorno e da intraconsciencialidade (V. **Arakaki,** Kátia; ***Antibagulhismo Energético;*** Foz do Iguaçu, PR: *EDITARES;* 2015; p. 33 a 47 e 123 a 140).

Coerência. *A auto-organização é a coerência entre o que você pensa, sente e faz* (**Vieira,** Waldo; ***Dicionário de Argumentos da Conscienciologia;*** Foz do Iguaçu, PR: *EDITARES;* 2014; p. 313).

Minudências. Autodisciplina começa nas mínimas coisas do cotidiano. Minudências do dia a dia contam sobremaneira na contabilidade do antidesperdício de uma vida inteira. O simples relógio, por exemplo, não ajustado após a mudança do *horário de verão,* pode significar impontualidade e atraso em compromisso importante.

Antiobsessividade. Também não se trata de obsessividade com a organização da vida cotidiana, manifestada em portadores de Transtorno Obsessivo-Compulsivo (TOC). A consciência lúcida, entretanto, não sofre com a caneta fora do lugar, mas apenas a coloca no local adequado, após a utilização. O portador de TOC perturba-se frente às mínimas mudanças em sua rotina de rituais obsessivos. A consciência intermissivista auto-organizada faz a profilaxia dos autopertúrbios decorrentes do *caos* externo ou interno.

Automotivação. O incremento da produtividade pró-evolutiva oriundo da auto-organização vai motivar a consciência que, ao ver os resultados da própria disciplina operosa, buscará manter o padrão homeostático para manter o ritmo da produção.

Liberdade. O escritor Waldo Vieira argumentava a favor da auto-organização com o próprio exemplo, afirmando que atender as necessidades do intrafísico a partir da rotina disciplinada, libera a pessoa da vida humana para manifestar-se apenas na condição de "consciência". Ampliam-se, assim, as parapercepções, as conexões interconscienciais multidimensionais e as autopotencialidades.

Exemplarismo. A produtividade intelectual de Vieira é notória: escreveu dezenas de livros, entre eles 4 tratados técnicos, 3 dicionários (todos calhamaços com mais de 900 páginas) e organizou uma Enciclopédia aberta sobre a Neociência Conscienciologia, deixando 2.019 verbetes de própria autoria. Cabe salientar que cada verbete apresenta, em média, 5 páginas. A *Enciclopédia da Conscienciologia* conquistou, em julho de 2015, a marca histórica de 500 coautores, além de seu propositor, com cerca de 4 mil entradas.

Tecnicidade. Questionado, em diferentes oportunidades, sobre suas técnicas de auto-organização perante a extensa produtividade intelectual, o polivalente pesquisador dizia utilizar a *técnica de desarrumar arrumando.*

Antidispersividade. Superar a indisciplina recorrente, organizando ao máximo todas as áreas da vida, é profilaxia à dispersividade consciencial, *vilã* quando a consciência busca o antidesperdício. É altamente relevante a vivência lúcida com auto-organização na *Era da Fartura* de bagulhos e distrações de todos os tipos.

Senso. O burilamento das escolhas evolutivas e o desenvolvimento do senso do prioritário são conquistas da consciência autodeterminada em persistir no megafoco da autoproéxis. Sempre é inteligente, sob a ótica da Evoluciologia, avaliar se ainda existe capacidade ociosa de potencialidades não aplicadas.

Adaptação. A *inteligência evolutiva* é a capacidade de apreender, aprender ou compreender e adaptar-se à vida humana, com base na aplicação e expansão teática, autoconsciente, do mecanismo da evolução consciencial, pessoal, já assimilado, incluindo a Cosmoeticologia, a Seriexologia e a Proexologia, definindo o autodiscernimento da consciência quanto à evolução consciencial racional, inclusive a autoevolução lúcida, na dinamização do próprio desempenho autopensênico e cosmoético (V. **Waldo,** Vieira; Org.; ***Inteligência Evolutiva; Enciclopédia da Conscienciologia;*** Foz do Iguaçu, PR: *EDITARES/CEAEC;* 8ª Ed. Eletrônica; 2013; p. 6.108 a 6.113).

Medida. O *quociente evolutivo* (QE) é a medida hipotética do nível de inteligência existencial avançada, haurida pela conscin intermissivista, homem ou mulher, podendo ser aquilatada pela teática das autoprioridades, da vivência cotidiana do paradigma consciencial e do *princípio da descrença* (V. **Manfroi,** Eliana; ***Quociente Evolutivo;*** verbete; In: **Vieira,** Waldo; Org.; ***Enciclopédia da Conscienciologia;*** verbete apresentado no *Tertuliarium/CEAEC,* Foz do Iguaçu, PR, em: 18.08.2014).

Legado. O êxito, mesmo parcial, perante as demandas da autoproéxis, se reverte em bens evolutivos a comporem o patrimônio existencial da consciência, constituindo o próprio legado evolutivo, tema a ser desenvolvido no próximo capítulo.

ACERTA MAIS NAS *DECISÕES CRÍTICAS PRIORITÁRIAS* QUEM UTILIZA CRITÉRIOS PRÉ-DECISÓRIOS CONSIDERANDO A *INTELIGÊNCIA EVOLUTIVA* (*IE*), A COSMOÉTICA E A INTERASSISTÊNCIA LÚCIDA.

Autoquestionamento. Você, leitor ou leitora, utiliza critérios racionais para realizar decisões evolutivas? Consegue fazer, agora, listagem das premissas cosmoéticas que balizam as decisões pessoais?

21. Legado Autoevolutivo

Grafopensene. Pela repercussão da tarefa do esclarecimento se mensura o legado evolutivo. A maior **honestidade grafopensênica** é a conscin autora escrever sobre o que vivenciou.[28]

Definição. O *legado evolutivo* é o patrimônio de realizações da consciência transmitido a ela própria (autolegado) e aos demais compassageiros (heterolegado), em futuras ressomas, notadamente as oriundas do labor mentalsomático e interassistencial, a exemplo de *corpus* de ideias evolutivas avançadas, publicadas em livros esclarecedores.

Sinonímia: 1. Herança evolutiva. 2. Legado cosmoético. 3. Testamento evolutivo.

Antonímia: 1. Legado antievolutivo. 2. Interprisão grupocármica.

Tipologia. A consciência pode deixar diferenciados tipos de herança evolutiva a si e a outros legatários, a exemplo dos 10 listados em ordem alfabética:

01. **Legado autorrevezamental.** A totalidade das realizações evolutivas da consciência a ser retomada e atualizada em futura existência.

02. **Legado conscienciográfico.** O conjunto da obra escrita da consciência, sejam livros, capítulos de antologias, artigos, cursos, verbetes enciclopédicos e outras publicações esclarecedoras.

---

28 **Vieira,** Waldo; ***Léxico de Ortopensatas;*** Foz do Iguaçu, PR: *EDITARES;* 2014; p. 764.

03. **Legado de fraternidade.** As ações fraternas do universalismo teático efetivadas na existência.

04. **Legado docente.** A acumulação do trabalho na docência esclarecedora e libertadora, notadamente por meio do trabalho voluntário.

05. **Legado do mecenato cosmoético.** As doações e patrocínios a empreendimentos evolutivos interassistenciais realizados ao longo da existência.

06. **Legado do voluntariado.** O voluntariado lúcido realizado em prol da tarefa do esclarecimento.

07. **Legado exemplarista.** Os exemplos benignos deixados pela intencionalidade sadia e atitudes cosmoéticas ao longo da existência.

08. **Legado intelelectual.** As ideias libertárias e a produção intelectual trazida a público ao longo da existência.

09. **Legado interassistencial.** O somatório das ações interassistenciais, de todos os tipos, ao longo da existência.

10. **Legado liderológico.** O conjunto dos papéis de liderança assistencial desempenhados ao longo da existência.

Autorrevezamento. A lógica evolutiva do autorrevezamento indica a importância de preparar a próxima existência a partir de empreendimentos iniciados na ressoma atual. Em vida futura serão retomados, atualizados e ampliados.

Síntese. O antidesperdício consciencial acontece, principalmente, quando há lucidez sobre o fato de o não aproveitamento de aportes e oportunidades evolutivas, também poder significar desperdício das próximas existências, considerando a lacuna no autorrevezamento multiexistencial da consciência autoperdulária.

Analogia. Vale a comparação de simples corrida de revezamento, quando um integrante da mesma equipe passa o bastão para o parceiro prosseguir em direção à linha de chegada. A consciência passa o *bastão* do próprio legado evolutivo para si mesma. E se não houver nada de evolutivamente relevante para legar a si mesmo? *Autodesperdício é autossabotagem.*

Autorreflexão. O convite ao leitor e leitora é de realizar, neste momento, profunda autorreflexão sobre o legado evolutivo que vem construindo na atual ressoma. Parece óbvia a condição do antidesperdício consciencial ser essencial à qualidade desse patrimônio existencial acumulado. A relação é simples: quanto menos autodesperdício maior a produtividade e acumulação cosmoética de *bens evolutivos.*

Autoavaliação. Vale mais mensurar resultados do que quantificar as tarefas realizadas. Com o objetivo de contribuir às reflexões pessoais sugeridas, eis, por exemplo, em ordem alfabética, 9 autoquestionamentos pertinentes ao aquilatamento do próprio legado a partir de mensuração objetiva, quantificável, dos resultados já obtidos:

1. **Autorreciclagens.** Quais as suas autocontribuições *objetivas* perante as efetivas autorreciclagens intraconscienciais necessárias?

2. **Convivialidade sadia.** Quais as suas contribuições *objetivas* para a melhoria da convivialidade entre todos os princípios conscienciais, incluindo a fito e a zooconvivialidade?

3. **Criticidade cosmoética.** Quais as suas contribuições *objetivas* à divulgação e vivência do *princípio da descrença,* ou seja, da criticidade cosmoética perante qualquer verdade relativa?

4. **Docência conscienciológica.** Quais as suas contribuições *objetivas* na atividade docente tarística, emancipadora, em cursos, palestras, debates e eventos de instituições centradas na evolução consciencial?

5. **Holopensene planetário.** Quais as suas contribuições *objetivas* à melhoria do holopensene planetário, por meio da qualificação dos próprios pensamentos, sentimentos e energias?

6. **Megatrafor aplicado.** Quais as suas contribuições *objetivas* na aplicação do megatrafor e mega-atributo interassistenciais já identificados?

7. **Mudança de paradigma.** Quais as suas contribuições *objetivas* à mudança do paradigma intrafisicalista, restringidor ao paradigma consciencial cosmovisiológico?

8. **Recomposição fraterna.** Quais as suas contribuições *objetivas* na liberação das interprisões grupocármicas e na recomposição fraterna perante ex-credores de dívidas contraídas, por vezes, há séculos?

9. **Voluntariado lúcido.** Quais as suas contribuições *objetivas* quanto ao trabalho voluntário e ao vínculo consciencial com instituições sem fins de lucro, pró-evolutivas?

Auto-herança. Importa enfatizar ser o patrimônio intraconsciencial expresso nas autossuperações, autoburilamentos, autotraf*o*res aplicados, autocoerência, autodiscernimento, entre outros, o legado evolutivo mais relevante deixado pela consciência a si mesma, na condição de autolegatária. Vale reforçar que, se todas essas reciclagens estiverem registradas e publicadas em um livro esclarecedor, interassistencial, maior valor terá essa auto-herança. *Livro pessoal: autolegado.*

ACUMULAR BENS MATERIAIS AINDA É *PRIORIDADE* ***PARA PERCENTUAL IMPORTANTE DA HUMANIDADE. ACUMULAR*** *BENS EVOLUTIVOS* ***É PRIORITÁRIO AOS INTERMISSIVISTAS LÚCIDOS QUANTO AO*** *LEGADO AUTORREVEZAMENTAL.*

Autoquestionamento. Peço licença, nesta etapa final do diálogo autor-leitor, proposto nesta obra, para formular pergunta crítica: se você dessomasse ***hoje,*** qual a qualidade do legado evolutivo que deixaria para si mesmo? Considera realizar, a partir de ***hoje,*** investimento máximo na aquisição de patrimônio consciencial útil?

Argumentos Conclusivos

Evoluciologia. Se a **evolução** fosse fácil, tudo estaria melhor há milênios para a Humanidade.[29]

Fato. Na *Era da Fartura,* iniciada no final do Século XX e talvez ainda perdurando por centenas de anos à frente, verifica-se contundente realidade: existem mais oportunidades, projetos e ideias a serem efetivados do que conseguiremos realizar nesta atual existência. Existem mais livros a serem lidos do que conseguiremos dar conta. Existem mais projetos inovadores e evolutivos do que conseguiremos abarcar. Existem mais pessoas a encontrar do que poderemos interagir. Existem mais demandas assistenciais do que as possíveis de serem atendidas pelas consciências voltadas à evolução de todos.

Evolução. A vida solicita muito de cada indivíduo em evolução e, por vezes, nos entulhamos com tudo que chega, sem seletividade e discernimento. A tendência dos habitantes da Farturolândia é se tornarem acumuladores de vivências inúteis e de *montanhas* de bagulhos de todo tipo. *Evitemos acumular inutilidades.*

Essência. Não se trata mais, neste Século XXI, de ainda vivermos existências difíceis, sofridas, mas sim de vivermos vidas desperdiçadas, em

29 **Vieira,** Waldo; ***Léxico de Ortopensatas;*** Foz do Iguaçu, PR: *EDITARES;* 2014; p. 659.

meio à fartura, pela incapacidade de priorizar o essencial. A existência desaproveitada pode ser comparada a um registro fotográfico que tenta abarcar a paisagem inteira, a cidade, as casas, as pessoas, os objetos, sem perder nada, mas não foca e nem valoriza detalhe essencial da cena registrada, que faria valer a foto. *Megafoco é megainteligência.*

Sentido. Todas as consciências são minipeças importantes no maximecanismo evolutivo. A sua vida, leitor ou leitora, e também a desta autora, são essenciais e singulares. Encontrar tal singularidade e o sentido da própria existência é a principal estratégia antidesperdício. *Toda vida importa.*

Cotidiano. O completismo existencial, ao modo de troféu do antidesperdiçamento consciencial, não acontece apenas no êxito alcançado em um único projeto pró-evolutivo ao longo da vida. Acontece no cotidiano, quando se vivencia, de fato, a *técnica do dia evolutivamente útil,* como apresentado no capítulo 16. Nesta estratégia de fazer com que cada dia represente *desperdício consciencial zero,* está a aplicação do senso de utilidade evolutiva ínsito a cada intermissivista. Recordando brevemente a técnica, trata-se de cooperar, aprender e produzir algo de valor evolutivo, todos os dias, de maneira indivual e grupal. *Sejamos evolutivamente úteis.*

Retribuição. Outra abordagem do antidesperdício se dá pelo processo de retribuir o recebido, emprestado, consignado, quando se fala em aportes existenciais. Todo investimento, notadamente de bens evolutivos, deverá gerar dividendos e lucros a serem compartilhados. *Retribuir é devolver.*

Autorreflexão. Passar 5 horas refletindo em profundidade sobre tema relevante à própria evolução não é desperdiçar tempo, mas antes investir em uma técnica fundamental ao direcionamento da própria programação existencial. Toda forma de autorreflexão, autoavaliação e autoauditoria conscienciais, em qualquer faixa etária, reverte-se em informações e dados sustentadores de escolhas evolutivas prioritárias. *Antiautodesperdício é autopriorização.*

Valoração. Pensar que a atual vida (a sua, a minha, a de todos) está tão valorizada, podendo render por 15 existências prévias, é impactante para qualquer consciência lúcida. O mercado evolutivo requer investimentos precisos, certeiros, sem desvios e desperdícios de recursos e atributos. Possuir capacidade ociosa na proéxis é como jogar bens evolutivos pela janela. Vale a comparação com a pessoa que guarda dinheiro no colchão ou no cofre da residência por toda a existência, sem considerar a *desvalorização da moeda*. Poderia ter aplicado em investimentos cosmoéticos, ao invés de tornar-se avarento antiassistencial. *Ociosidade proexológica empobrece.*

Alerta. Entre os objetivos deste *manual de sobrevivência do intermissivista,* está o de servir de alerta para o *superavit* de recursos evolutivos da atual *Era da Aceleração da História Pessoal.* Ao modo de esbregue pró-evolutivo, fica a advertência, o *puxão de orelha* cosmoético, mas que se pretende tarístico a você, leitor ou leitora. Contudo, a primeira a *vestir a carapuça* é a própria autora. *O autor é o primeiro leitor do próprio livro.*

Paradoxo. Muitas foram as consciências observadas pela autora que tiveram o rótulo de "desperdiçadas" em diferentes grupos e contextos. Contudo, todas tinham algo em comum: eram as mais inteligentes. Paradoxalmente, as mais capacitadas, habilitadas, competentes, criativas, polivalentes, taquipsíquicas e *produtivas* (é isso mesmo que está escrito), foram identificadas na condição de autoperdulárias. Estavam retribuindo ao mundo muito menos do que poderiam. Qual o motivo de tal condição? Como compreender o *paradoxo da inteligência desperdiçada?*

Hipótese. A pesquisa e a proposição de hipóteses para responder às questões do parágrafo anterior, exigiriam um novo livro. Ainda assim vale trazer algumas considerações ao leitor e leitora que chegaram até esta etapa final do texto. Seguem, na condição de exemplos, 5 fatos contributivos ao entendimento da condição paradoxal do desperdício da própria inteligência:

1. **Fato:** facilidade demais desmotiva, devido à natureza humana de *ainda* necessitar de desafios para agir (adrenalina).

2. **Fato:** muitas consciências *ainda* apresentam baixa autoestima intelectual e insegurança quanto às próprias capacidades, mesmo com alto percentual de inteligência comprovada.

3. **Fato:** a consciência superdotada tem condições de atender muitas demandas. Contudo, pela ausência de prioridades evolutivas, *ainda* se dispersa na *Era da Fartura* de estímulos e oportunidades.

4. **Fato:** nem todo quociente de inteligência elevado é acompanhado pela maturidade consciencial e lucidez quanto às escolhas evolutivas essenciais.

5. **Fato:** o ato de realizar bem, com qualidade, quase tudo no qual "coloca tempo e energia", *ainda* pode predispor a consciência a permanecer na zona de conforto e não buscar neo-habilidades pró-evolutivas.

Lucidez. Ainda assim, as notícias são auspiciosas pois em meio à desorientação geral de uma sociedade intrafísica ainda patológica, vive-se em plena *Era da Lucidez*. Nunca antes na História Humana estiveram disponíveis tantas ideias, tantos livros, tantas janelas de oportunidades, tantos movimentos libertários, tanta interatividade pró-evolutiva, tantos amparadores, intra e extrafísicos, e tanto esclarecimento de ponta franqueados às consciências lúcidas, atiladas e argutas quanto à autoevolução.

Legadologia. Encerra-se este breve manual antidesperdício consciencial reafirmando a ideia do penúltimo capítulo do livro sobre a auto-herança evolutiva. Legatária de si mesma, a autora espera ter deixado algum nível de legado ideativo útil com essa obra. Será extremamente assistencial caso os leitores ou leitoras qualifiquem esse conteúdo com sugestões, críticas e revisões pertinentes. Nenhuma heterocrítica será desperdiçada.

Convite. Por fim, tomando emprestada uma última ortopensata do Professor Waldo Vieira, fica o convite imperdível, ao leitor e leitora, descrito a seguir:

"**Biobliotecologia.** Exortamos os jovens intermissivistas, inversores existenciais, rapazes e moças começando agora as próprias pesquisas transcendentes, para que saibam aproveitar as oportunidades extraordinárias de estudos e pesquisas que a Terra faculta, hoje, como jamais anteriormente.

Assim, amanhã, na terceira idade cronológica, lúcida, a partir dos 65 anos de idade biológica, serão poços de megaconhecimentos avançados, fontes de sabedoria multidimensional e **bibliotecas humanas ambulantes,** dedicados, em tempo integral, à Taristicologia Cosmoética".[30]

---

30 **Vieira,** Waldo; ***Léxico de Ortopensatas;*** Foz do Iguaçu, PR: *EDITARES;* 2014; p. 286.

ANEXO

EVITAÇÃO DO AUTODESPERDÍCIO
(AUTOPROEXOLOGIA)

I. Conformática

Definologia. A *evitação do autodesperdício* é a técnica ou conjunto de atitudes, posturas, comportamentos, escolhas, priorizações, decisões, propósitos e procedimentos adotados pela conscin intermissivista lúcida, homem ou mulher, evitando o desperdiçamento das próprias oportunidades, trafores, habilidades, inteligências, genialidades, ideias inatas, paraprocedência, relacionamentos, reencontros de destino e aportes existenciais, catalisadores da realização da proéxis pessoal e do completismo existencial.

Tematologia. Tema central homeostático.

Etimologia. O termo *evitação* deriva do idioma Latim, *evitatio,* "ação de evitar; esquivança; fugida", de *evitatum* e este de *evitare,* "evitar; esquivar-se; desviar; fugir; escapar". Surgiu no Século XIX. O elemento de composição *auto* provém do idioma Grego, *autós,*"eu mesmo; por si próprio". A palavra *desperdício* procede do idioma Espanhol, *desperdicio,* e esta do idioma Latim, *desperditio,* "perdição; destruição; ruína", radical de *desperditum,* supino de *disperdere,* "perder de todo; deitar a perder; destruir; arruinar; desaparecer". Apareceu no Século XVII.

Sinonimologia: 1. Autoindesperdício evolutivo. 2. Profilaxia do autoperdularismo. 3. Proéxis *a termo.* 4. Aplicação dos talentos evolutivos. 5. Investimento nos recursos intraconscienciais. 6. Retribuição Cosmoética de aportes existenciais. 7. Evitação da autossabotagem; prevenção do autengano. 8. Autodesassédio.

Neologia. As 3 expressões compostas *evitação do autodesperdício, minievitação do autodesperdício* e *maxievitação do autodesperdício* são neologismos técnicos da Autoproexologia.

Antonimologia: 1. Esperdício de trafores. 2. Ectopia consciencial. 3. Autavareza trafarística. 4. Pusilanimidade evolutiva. 5. Autoboicote existencial. 6. Autengano crasso. 7. Autassédio.

Estrangeirismologia: a *self-deception* da indústria da autajuda; o *existentiale vacuum;* o *Deviarium* da Socin patológica; o *Proexarium;* a *volontà ferrea.*

Atributologia: predomínio das faculdades mentais, notadamente do autodiscernimento quanto à Autopriorologia.

Megapensenologia. Eis 3 megapensenes trivocabulares sintetizando o tema: – *Autocídio: autengano fatal. Sabotemos a autossabotagem. Autodesperdício: anticosmoética autodestrutiva.*

Coloquiologia. Eis 7 expressões populares relacionadas ao tema: *o ato de fazer gol contra; perder o bonde da História; puxar o próprio tapete; tropeçar nas próprias pernas; dar tiro no pé; amarelar perante desafios; encontrar o fio da meada; agir em cima do lance; acertar na mosca.*

Citaciologia: – *A relação mais íntima, traiçoeira e definidora de um ser humano é a que ele trava consigo mesmo* (Eduardo Giannetti, 1957–).

II. Fatuística

Pensenologia: o holopensene pessoal do aproveitamento das oportunidades evolutivas; os prioropensenes; a prioropensenidade; os lucidopensenes; a lucidopensenidade.

Fatologia: a evitação do autodesperdício; a *Era da Fartura* de aportes evolutivos; o fato da ressoma atual valer por 15 retrovidas; a responsabilidade de ter feito *Curso Intermissivo* (CI) pré-ressomático; a voliciolina aplicada à autoproéxis; a falta de *vergonha na cara;* a dissonância cognitiva; o baixo coeficiente de inteligência evolutiva (IE) do autodesperdiçador; a autoficção; o autassédio; as gescons ectópicas; os doutrinismos; os misticismos; a autossantificação; a pré-derrota; a minidissidência; os dados da autopesquisa esquecidos na gaveta; as banalizações;

a valorização do secundário e a depreciação do prioritário; a omissão deficitária; a ansiedade provocada pelos talentos ociosos; a reeducação baseada em valores evolutivos; a retomada de tarefa; a superação do porão consciencial; a evitação dos acidentes de percurso; a diversidade consciencial oportunizando neoaprendizagens; as crises de crescimento; a omissão superavitária; as automimeses evitáveis; as mimeses inevitáveis; o tolicionário; o sectarismo; a autorganização; o sentido da vida; o *Manual Pessoal de Prioridades* (MPP); a Autoconscienciometria; a Autoconscienciοterapia; a interassistencialidade como antiautodesperdício evolutivo máximo.

Parafatologia: a autovivência do estado vibracional (EV) profilático; o reconhecimento do amparo de função; a sinalética parapsíquica pessoal indicadora dos autodesperdícios; a sementeira intrafísica gerando a colheita intermissiva dos frutos interassistenciais; a projetabilidade lúcida.

III. Detalhismo

Sinergismologia: o *sinergismo rotina-tarefa-projeto-proéxis.*

Principiologia: o *princípio do exemplarismo pessoal* (PEP); o *princípio do posicionamento pessoal;* o *princípio da prioridade compulsória.*

Codigologia: o *código pessoal de Cosmoética* (CPC) com base em valores evolutivos.

Teoriologia: a *teoria psicológica da baixa autestima gerar a autossabotagem;* a *teoria conscienciológica da baixa autestima ser gerada pelas autocorrupções e comodismo existencial;* a *teoria da resiliência exemplarista.*

Tecnologia: a *técnica do dia evolutivamente útil;* a *técnica da priorização evolutiva;* a *técnica de mais 1 de vida intrafísica;* a *técnica do trinômio automotivação-trabalho-lazer;* a *técnica de adiar ganhos imediatos em prol de lucros evolutivos.*

Voluntariologia: o *voluntariado conscienciológico cosmoético internacional.*

Laboratoriologia: o *laboratório conscienciológico da Proexologia;* o *laboratório conscienciológico da Paragenética;* o *laboratório conscienciológico da autorganização;* o *laboratório conscienciológico da Autoconscienciometrologia;* o *laboratório conscienciológico da Pensenologia;* o *laboratório conscienciológico da Evoluciologia;* o *laboratório conscienciológico das retrocognições.*

Efeitologia: o *efeito desastroso da procrastinação crônica;* o *efeito potencializador da autoincorruptibilidade.*

Ciclologia: o *ciclo compléxis-euforin-euforex.*

Enumerologia: o *Curso Intermissivo* qualificado; os aportes existenciais valorizados; os trafores pessoais aplicados; os trafares estagnantes erradicados; os posicionamentos evolutivos priorizados; o projeto de vida realizado; o completismo existencial comemorado.

Binomiologia: o *binômio vontade-intencionalidade;* o *binômio reflexão-decisão;* o *binômio seletividade-evolutividade.*

Interaciologia: a *interação imperativos biológicos–imperativos mesológicos–imperativos evolutivos.*

Crescendologia: o *crescendo mapear-analisar-ilustrar-discutir-concluir;* o *crescendo quem se é–quem se pode ser.*

Trinomiologia: o *trinômio poder-posição-prestígio;* o *trinômio desviante sexo-dinheiro-poder;* o *trinômio patológico autoinsinceridade-autocorrupção-autossabotagem;* o *trinômio autodiscernimento-autorganização-automotivação.*

Polinomiologia: o *polinômio devaneio-autengano-alucinação-delírio;* o *polinômio autodesperdício-incompléxis-melin-melex;* o *polinômio autoindesperdício-compléxis-euforin-euforex.*

Antagonismologia: o *antagonismo minidissidência / maxidissidência;* o *antagonismo falsas respostas / verdadeiras questões.*

Paradoxologia: o *paradoxo do intermissivista com altas habilidades obter sucesso máximo na carreira profissional e ser exemplo clássico de autodesperdício evolutivo*; o *paradoxo de ter recebido muito e retribuir pouco.*

Politicologia: a proexocracia; a evoluciocracia.

Legislogia: a *lei do maior esforço evolutivo no aproveitamento dos percalços existenciais como oportunidades de crescimento.*

Filiologia: a desvio*filia*; a desperdicio*filia*; a acidio*filia*; a *procrastinofilia*; a decido*filia*; a neo*filia*; a proexo*filia*; a evolucio*filia*.

Fobiologia: a autopesquisofobia; a decidofobia; a xenofobia.

Sindromologia: o autodiagnóstico e autossuperação da *síndrome da ectopia de proéxis* (SEP); a evitação da *síndrome de Amiel;* o antiexemplo da *síndrome de Swedenborg;* o drible na *síndrome da subestimação;* o ato de preservar-se da *síndrome da mediocrização;* o ato de esquivar-se da *síndrome da dispersão consciencial;* o ato de eludir a *síndrome da despriorização;* o ato de eximir-se da *síndrome do desperdício;* o ato de prevenir-se *da síndrome da abstinência parafisiológica;* o ato de precaver-se *da síndrome de savant.*

Maniologia: a risco*mania*; a ludo*mania*; a tanato*mania*; a dipso*mania*; a eroto*mania*; a mistico*mania*; a antico*mania*; a megalo*mania*.

Mitologia: a profilaxia do *fio de Ariadne* no labirinto do *Minotauro;* a ausência de acautelamento de *Narciso.*

Holotecologia: a proexo*teca*; a trafaro*teca*; a traforo*teca*; a recexo*teca*; a invexo*teca*; a discernimento*teca*; a teatico*teca*; a convivio*teca*; a evolucio*teca*.

Interdisciplinologia: a Autoproexologia; a Priorologia; a Autenganologia; a Desviologia; a Errologia; a Decidologia; a Perfilologia; a Discernimentologia; a Traforologia; a Evoluciologia.

IV. Perfilologia

Elencologia: a conscin intermissivista lúcida; a isca humana lúcida; a conscin traforista; a conscin enciclopedista; a conscin-cobaia.

Masculinologia: o procrastinador; o perdulário; o intermissivista; o inversor existencial; o reciclante existencial; o autodecisor; o cognopolita; o compassageiro evolutivo; o duplista; o evoluciente; o exemplarista; o pesquisador; o tertuliano; o verbetólogo; o voluntário; o autoindesperdiçador cosmoético.

Femininologia: a procrastinadora; a perdulária; a intermissivista; a inversora existencial; a reciclante existencial; a autodecisora; a cognopolita; a compassageira evolutiva; a duplista; a evoluciente; a exemplarista; a pesquisadora; a tertuliana; a verbetóloga; a voluntária; a autoindesperdiçadora cosmoética.

Hominologia: o *Homo sapiens disperditius;* o *Homo sapiens incautus;* o *Homo sapiens acriticus;* o *Homo sapiens deviatus;* o *Homo sapiens autolucidus;* o *Homo sapiens vigilans;* o *Homo sapiens decidophilicus;* o *Homo sapiens neophilicus.*

V. Argumentologia

Exemplologia: *mini*evitação do autodesperdício = a assistência para a evitação da minidissidência ideológica; *maxi*evitação do autodesperdício = a assistência para a evitação do suicídio da conscin superestressada.

Culturologia: a *cultura da megapriorização;* a *cultura do soft, ligh e clean;* a *cultura da superficialidade na Era do Vazio.*

Liberologia. Em nenhum momento da História Humana, a liberdade de expressão consciencial ultrapassou o estágio atual. O intermissivista publica livros e verpons, com a certeza de não *ir para a fogueira,* juntamente com as próprias obras. Tal fato é oportunidade evolutiva ímpar.

Taxologia. Segundo a *Experimentologia,* eis, em ordem alfabética, 50 exemplos de oportunidades evolutivas, por vezes negligenciadas, a serem aproveitadas pela conscin intermissivista atilada à atual existência humana crítica:

01. **Amparabilidade.** Trabalhar *ombro a paraombro* com os amparadores.
02. **Assistencialidade.** Aceitar *convite de amparador.*
03. **Atividade física.** Garantir longevidade útil.
04. **Autodidatismo.** Edificar o próprio conhecimento.
05. **Autopesquisofilia.** Anotar, analisar, concluir e publicar.
06. **Autorado verbetográfico.** Tornar-se neoverbetógrafo.
07. **Base de dados.** Pesquisar em bases de dados públicas, democráticas e gratuitas.
08. **Bibliofilia.** Visitar bibliotecas particulares e públicas.
09. **Cápsula do tempo cinemascópica.** Realizar defesa verbetográfica.
10. **Conscin-cobaia.** Voluntariar-se, de *peito aberto,* à técnica da Conscienciometria.
11. **Conselho dos 500.** Participar, assiduamente, séculos após a experiência ateniense.
12. **Contemporaneidade.** Acessar a *Ciência das Ciências* simultaneamente ao surgimento no planeta.
13. **Curso de campo.** Participar dos cursos de campo, a exemplo do *Acoplamentarium, Extensão em Conscienciologia e Projeciologia 2* (ECP2), *Campo Projetivo* e *Imersão Projecioterápica.*
14. **Curso Intermissivo.** Honrar o investimento dos evoluciólogos.
15. **Curso superior.** Estar entre os 11% dos brasileiros com diploma universitário (Ano-base: 2011).
16. **Desapego inteligente.** Abrir mão da *quinquilharia* material e emocional.
17. **Desperticidade.** Tornar-se desassediado permanente total em duas décadas.
18. **Docência conscienciológica.** Evitar esquiva da sala de aula multidimensional.
19. **Dupla evolutiva.** Construir a parceria harmônica.
20. **Duplo curso superior.** Cursar segunda faculdade, mesmo na terceira idade.
21. **Educação qualificada.** Acessar escolas qualificadas na infância e adolescência.
22. **Estado vibracional.** Praticar 20 vezes ao dia.
23. **Herança genética favorecedora.** Preservar boa saúde geral recebida dos genitores.
24. **Holociclo.** Realizar pesquisas no megalaboratório de neoideias.
25. **Holoteca.** Ser *rato* da Holoteca.
26. **Infância otimizada.** Conviver, na fase infantil, com adultos intelectualizados.
27. **Inteligência nutricional.** Banir calorias *burras* (farináceos) e consumir calorias *inteligentes* (frutas, vegetais e proteínas).
28. **Invéxis.** Aplicar a técnica da inversão existencial, se possível.
29. **Itinerância conscienciológica.** Viajar com amparo de função.
30. **Laboratórios de autopesquisa.** Utilizar os parques paratecnológicos.
31. **Longevidade produtiva.** Evitar o *pendurar das chuteiras* evolutivas.
32. **Maturidade afetivo-sexual.** Cultivar sexo e afeto com o(a) duplista.
33. **Megatrafor assentado.** Aplicar o talento evolutivo máximo de forma interassistencial.
34. **Múltiplas inteligências.** Empregar os módulos de inteligência desenvolvidos em retrossomas.
35. **Paragenética.** Usar as altas habilidades adquiridas em retrovidas.
36. **Poliglotismo.** Estudar idiomas desde a infância.
37. **Poupança existencial.** Formar o *pé-de-meia* pessoal.
38. **Prova Geral de Conscienciologia.** Apresentar-se nos exames anuais.
39. **Radicação vitalícia na Cognópolis.** Mudar-se para a *cidade do conhecimento.*
40. **Recéxis.** Adotar a técnica da reciclagem existencial, se necessário.
41. **Reconciliações.** *Suar sangue* para estar *de bem com o Cosmos.*
42. **Retrocognições sadias.** Montar o *puzzle* evolutivo.
43. **Tares.** Esclarecer, prioritariamente.

44. **Tecnologia pró-evolutiva.** Curar a tecnofobia.
45. **Tenepes.** Investir na interassistencialidade o resto da vida.
46. **Tertúlias diárias.** Participar *in loco* ou *online*.
47. **Trafor da escrita.** Evitar a gafe existencial de escrever bem desde tenra idade e não ter publicado livro até a maturidade.
48. **Viagens internacionais.** Excursionar, superando a inércia e a preguiça.
49. **Voluntariado conscienciológico.** Voluntariar em Instituição Conscienciocêntrica (IC).
50. **Zooconvivialidade.** Possuir, em alguma fase da vida, animais de estimação, gato ou cachorro.

Evitaciologia. Sob a ótica da *Discernimentologia,* eis, na ordem alfabética, 5 posturas a serem evitadas pelos intermissivistas comprometidos com a proéxis pessoal e grupal:

1. **Acidentes de percurso:** os assédios causados pelos desregramentos.
2. **Autismo conscienciocêntrico:** o efeito *ostra* ao evitar a interação.
3. ***Chá de sumiço:*** os integrantes do *"colégio invisível"* dos voluntários.
4. **Porão consciencial:** o comportamento oposicionista e antissocial.
5. **Procrastinação:** o *empurrar com o umbilicochacra* as megadecisões.

VI. Acabativa

Remissiologia. Pelos critérios da *Mentalsomatologia,* eis, por exemplo, na ordem alfabética, 15 verbetes da *Enciclopédia da Conscienciologia,* e respectivas especialidades e temas centrais, evidenciando relação estreita com a evitação do autodesperdício, indicados para a expansão das abordagens detalhistas, mais exaustivas, dos pesquisadores, mulheres e homens interessados:

01. **Aceleração da história pessoal:** Evoluciologia; Homeostático.
02. **Alavancagem da proéxis:** Proexologia; Homeostático.
03. ***Cinco ciclos:*** Autoproexologia; Homeostático.
04. **Desperdício:** Ecologia; Nosográfico.
05. **Diletantismo antievolutivo:** Antievoluciologia; Nosográfico.
06. **Erro evolutivo crasso:** Errologia; Nosográfico.
07. **Esbanjamento consciencial:** Intrafisicologia; Nosográfico.
08. **Escolha evolutiva:** Experimentologia; Homeostático.
09. **Longevidade produtiva:** Intrafisicologia; Homeostático.
10. **Poupança existencial:** Intrafisicologia; Homeostático.
11. **Radicação vitalícia na Cognópolis:** Ressomatologia; Homeostático.
12. **Retomador de tarefa:** Recexologia; Homeostático.
13. ***Síndrome da subestimação:*** Parapatologia; Nosográfico.
14. **Somatório de esforços:** Maxiproexologia; Neutro.
15. **Vida matemática:** Holomaturologia; Neutro.

A** EVITAÇÃO DO AUTODESPERDÍCIO **É COMPROMISSO URGENTE E INADIÁVEL DA** CONSCIN INTERMISSIVISTA LÚCIDA, **ATRAVÉS DA** RETRIBUIÇÃO COSMOÉTICA, **POR MEIO DA GRAFOTARES, DOCÊNCIA E TENEPES DIÁRIA.

Questionologia. Você, leitor ou leitora, vem aproveitando as oportunidades evolutivas na realização da proéxis? Ainda é praticante das *autorrasteiras* geradoras do incompléxis ou já se leva a sério?

Bibliografia Específica:

1. **Dyer,** Wayne W.; ***Seus Pontos Fracos*** *(Your Erroneous Zones);* trad. Mary Deiró Cardoso; 208 p.; 12 caps.; 42 enus.; 2 gráfs.; 2 tabs.; 21 x 14 cm; br.; 25ª Ed.; *Nova Era;* Rio de Janeiro, RJ; 2002; páginas 9 a 33.

2. **Giannetti,** Eduardo; ***Auto-engano;*** 215 p.; 7 caps.; 21 x 14 cm; br.; 6ª Ed.; *Companhia das Letras;* São Paulo, SP; 1997; páginas 70 a 116.

3. **Manfroi,** Eliana; ***Autopesquisa e Profilaxia da Síndrome da Ectopia de Proéxis;*** *Anais da IV Jornada de Autopesquisa Conscienciológica;* Florianópolis, SC; 21-23 Abril, 2006; Artigo; *Journal of Conscientiology;* Revista; Trimestrário; Vol. 8; N. S-31; 7 enus.; 19 refs.; Londres; UK; Abril, 2006; páginas 193 a 204.

4. **Stamateas,** Bernardo; ***Autossabotagem: Reconheça e mude as Atitudes que Você toma Contra si Mesmo*** *(Autoboicot);* trad. Sandra Martha Dolinsky; 190 p.; 14 caps.; 33 refs.; 21 x 14 cm; br.; *Academia;* São Paulo, SP; 2009; páginas 65 a 84.

5. **Vieira,** Waldo; ***Conscienciograma: Técnica de Avaliação da Consciência Integral;*** 344 p.; 150 abrevs.; 11 enus.; 100 folhas de avaliação; 4 índices; 2.000 itens; glos. 282 termos; 7 refs.; 21 x 14 cm; br.; *Instituto Internacional de Projeciologia;* Rio de Janeiro, RJ; 1996; páginas 172 a 191.

E. M. M.

Bibliografia Consultada

01. **Alvarenga;** Bianca; ***A Angústia de Fazer Mais e Mais;*** *Veja;* Semanário; Ed. 2.476; Ano 49; N. 18; 1 foto; 3 ilus.; São Paulo, SP; 04.05.2016; páginas 84 a 87.

02. **Arakaki,** Kátia; ***Travões na Escrita;*** Artigo; *Scriptor;* Revista; Anuário; Ano 5; N. 5; 1 *E-mail;* 2 enus.; 1 microbiografia; *União Internacional de Escritores da Conscienciologia* (UNIESCON); Foz do Iguaçu, PR; 2014; páginas 29 e 30.

03. **Idem;** ***Antibagulhismo Energético:*** *Manual;* revisores Erotides Louly; Flávio Buononato; & Sandra Tornieri; 238 p.; 23 caps.; 13 citações; 1 curiosidade; 24 *E-mails;* 52 enus.; 1 foto; 1 microbiografia; 3 tabs; 1 teste; 21 *websites;* glos. 99 termos; 2 filmes; 110 refs.; alf.; 21 x 21 cm; br; *Associação Internacional Editares;* Foz do Iguaçu, PR; 2015; páginas 41 a 84.

04. **Armstrong,** Thomas; ***7 Tipos de Inteligência*** *(7 Kinds of Smart);* trad. Oliveira Júnior; 368 p.; 15 caps.; 63 *websites;* 292 refs.; 21 x 14 cm; br.; *Record;* Rio de Janeiro, RJ; 2003; páginas 39 a 57.

05. **Arnt,** Ricardo; ***Sobre o Fim da Abundância;*** Reportagem; *Folha de São Paulo;* Jornal; Diário; S/A; S/N; Seção: *Opinião;* São Paulo, SP; 24.06.01; página A3.

06. **Ayan,** Steve; ***Rir é o Melhor Remédio;*** Artigo; *Mente&Cérebro;* Revista; Mensário; Ano XVI; N. 198; 13 fotos; 1 ilus.; São Paulo, SP: Editora Segmento; Julho, 2009; capa (chamada) e páginas 36 a 43.

07. **Báez,** Fernando; ***História Universal da Destruição dos Livros: Das Tábuas Sumérias à Guerra do Iraque*** *(Historia Universal de la Destrucción de los Libros);* revisoras Gratia Domingues; & Raquel Correa; trad. Léo Schlafman; 438 p.; 35 caps.; 1 enu.; 1 microbiografia; 1 *website;* 557 notas; 744 refs.; ono.; 23 x 16 cm; br.; *Edíouro;* Rio de Janeiro, RJ; 2006; páginas 19 a 21, 131 a 199, 241 a 151 e 264.

08. **Balona,** Málu; ***Autocura através da Reconciliação: Um Estudo Prático sobre a Afetividade;*** apres. Daniel Muniz; pref. Cristina Arakaki; pref. 1ª edição Marina Thomaz; pref. da 2ª edição Daniel Muniz; revisores Alexander Steiner; *et al.;* 354 p.; 2 seções; 11 caps.; 18 *E-mails;* 1 entrevista; 56 enus.; 2 escalas; 3 esquemas; 125 expressões e ditos populares; 1 foto; 10 gráfs.; 6 ilus.; 1 microbiografia; 5 quadros sinópticos; 4 questionários; 2 tabs.; 17 técnicas; 5 teorias; 15 *websites;* posf.; glos. 86 termos; 25 infografias; 20 cenografias; 72 filmes; 324 refs.; 2 apênds.; alf.; 21 x 14 cm; br.; 3ª Ed. rev. e aum.; *Associação Internacional Editares;* Foz do Iguaçu, PR; 2009; páginas 143 e 242.

09. **Bauer**, Susan Wise; ***Como Educar sua Mente: O Guia para Ler e Entender os Grandes Autores*** *(The Well-Educated Mind: A Guide to the Classical Education you Never Had);* pref. Gabriel Perissé; revisores Valentina Nunes; & Francisco José Couto; trad. Gabriele Greggersen; 528 p.; 2 seções; 9 caps.; 1 enu.; alf.; 25 x 18 x 3 cm; br.; *É Realizações Editora;* São Paulo, SP; 2015; páginas 11 a 520.

10. **Bauman,** Zygmunt; ***Modernidade Líquida*** *(Liquid Modernity);* trad. Plínio Dentzein; 258 p.; 5 caps.; 1 *E-mail;* 1 microbiografia; 1 *website;* 124 refs.; alf.; 21 x 14 cm; br.; *Jorge Zahar Editor;* Rio de Janeiro, RJ; 2001; páginas 64 a 149.

11. **Idem;** ***Vidas Desperdiçadas*** *(Wasted Lives);* trad. Carlos Alberto Medeiros; 170 p.; 4 caps.; 129 refs.; alf.; 21 x 14 cm; br.; *Jorge Zahar Editor;* Rio de Janeiro, RJ; 2005; páginas 117 a 164.

12. **Idem;** ***Vida para Consumo: A Transformação de Pessoas em Mercadorias*** *(Consuming Life);* trad. Carlos Alberto Medeiros; 200 p.; 4 caps.; 106 refs.; alf; 21 x 14 cm; br; *Jorge Zahar Ed.;* Rio de Janeiro, RJ; 2008; páginas 70 a 106.

13. **Belik,** Walter; ***O Desperdício de Alimentos no Brasil;*** Reportagem; *Valor Econômico;* Jornal; Diário; Ed. 2.122; Ano 9; São Paulo, SP; 24-26.10.08; página A17.

14. **Branco,** Adriano; ***O Mundo dos Desperdícios;*** Reportagem; *O Estado de São Paulo;* Jornal; Diário; Ano 130; N. 42.097; Caderno: *Economia;* São Paulo, SP; 19.01.09; página B2.

15. **Burke,** Peter; ***Uma História Social do Conhecimento: De Gutenberg a Diderot*** *(A Social History of Knowledge: From Gutenberg to Diderot);* trad. Plínio Dentzien; 242 p.; 9 caps.; 13 ilus.; 547 notas; 700 refs.; ono.; 23 x 16 cm; br.; *Jorge Zahar Editor;* Rio de Janeiro, RJ; 2003; páginas 15 a 21 e 27 a 29.

16. **Ceotto,** Bárbara; ***Diário de Autocura: Da Doença à Saúde Consciencial;*** apres. & posf. Leonardo Rodrigues; pref. Felix Wong; & Mário Oliveira; 224 p.; 16 caps.; 46 abrevs.; 15 citações; 1 cronologia; 22 *E-mails;* 26 enus.; 22 estrangeirismos; 2 ilus.; 1 microbiografia; 21 *websites;* glos. 22 termos (médicos); 31 filmes; 1 nota; 73 refs.; 1 apênd.; alf. geo.; ono.; 23 x 16 cm; br.; *Associação Internacional Editares;* Foz do Iguaçu, PR; 2014; páginas 81 a 115.

17. **Couto,** Cirleine; ***Inteligência Evolutiva Cotidiana;*** pref. Cristiane Ferraro; revisores Equipe de Revisores da Editares; 190 p.; 30 caps.; 22 *E-mails;* 41 enus.; 1 foto; 1 microbiografia; 3 tabs.; 20 *websites;* 8 infográficos; 4 filmes; 129 refs.; alf.; 23 x 16 cm; br.; *Associação Internacional Editares;* Foz do Iguaçu, PR; 2014; páginas 28 a 30.

18. **Daou,** Dulce; ***Vontade: Consciência Inteira;*** revisores Equipe de Revisores da Editares; 288 p.; 6 seções; 44 caps.; 23 *E-mails;* 226 enus.; 1 foto; 1 microbiografia; 1 seleção

de verbetes da Enciclopédia da Conscienciologia; 3 tabs.; 21 *websites;* glos. 140 termos; 1 nota; 133 refs.; 17 webgrafias; 1 apênd.; alf.; ono.; 23 x 16 cm; br.; *Associação Internacional Editares;* Foz do Iguaçu, PR; 2014; páginas 63 a 84.

19. **Diamandis,** Peter H.; & **Kotler,** Steven; ***Abundância: O Futuro é Melhor do que Você Imagina*** *(Abundance: The Future is better than your think);* revisora Lizete Mercadante Machado; trad. Ivo Korytowski; 424 p.; 6 partes; 19 caps.; 13 citações; 6 enus.; 2 fotos; 63 gráfs.; 3 ilus.; 5 mapas; 2 microbiografias; 12 tabs.; posf.; 797 notas; 1 apênd.; alf.; 23 x 15,5 cm; br.; *HSM;* São Paulo, SP; 2012; páginas 51 a 67.

20. **Dyer,** Wayne W.; ***Seus Pontos Fracos;*** *(Your Erroneous Zones);* trad. Mary Deiró Cardoso; 208 p.; 12 caps.; 42 enus.; 2 gráfs.; 2 tabs.; 21 x 14 cm; br.; 25ª Ed.; *Nova Era;* Rio de Janeiro, RJ; 2002; páginas 9 a 33.

21. **Eisler,** Riane; ***O Cálice e a Espada: Nossa História, nosso Futuro*** *(The Chalice and the Blade: Our History, our Future);* trad. Terezinha Santos; 340 p.; 13 caps.; 4 cronologias; 7 mapas; 78 refs.; ono.; 20 x 14 cm; br.; *Imago;* Rio de Janeiro, RJ; 1989; páginas 13 a 200.

22. **Fernandes;** Pedro; ***Síndrome do Hiperconsumismo;*** verbete; In: **Vieira;** Waldo; Org.; ***Enciclopédia da Conscienciologia Eletrônica;*** *CD-ROM;* 2.498 verbetes; 11.034 p.; 234 Especialidades; glos. 2.498 termos (verbetes); 192 microbiografias; 147 tabs.; 191 verbetógrafos; 8ª Ed. Digital; Versão 8.00; *Associação Internacional Editares;* & *Associação do Centro de Altos Estudos da Conscienciologia* (CEAEC); Foz do Iguaçu, PR; 2013; páginas 9.953 a 9.958.

23. **Fischer, Steven Roger; *História da Leitura*** *(A History of Reading);* trad. Claudia Freire; 384 p.; 7 caps.; 1 *E-mail;* 1 enu.; 7 ilus.; 2 *websites;* 485 notas; 227 refs.; 23 x 16 cm; br.; *Editora UNESP;* São Paulo, SP; 2006; páginas 9, 206 a 315.

24. **Idem; *História da Escrita*** *(A History of Writing);* trad. Mirna Pinsky; 296 p.; 8 caps.; 1 *E-mail;* 176 ilus.; 1 *website;* 198 refs.; alf.; 22,5 x 14,5 cm; br.; *Editora UNESP;* São Paulo, SP; 2009; páginas 13 a 18, 41, 53, 209, 210 e 278.

25. **Flusser,** Vilém; ***A Escrita: Há Futuro para a Escrita?;*** revisor Gustavo Bernardo; 252 p.; 21 caps.; 21 x 14 cm; br.; *Annablume;* São Paulo, SP; 2010; páginas 18 a 246.

26. **Fonseca,** Djalma; ***Técnica do Autoinventariograma;*** verbete; In: **Vieira;** Waldo; ***Enciclopédia da Conscienciologia Eletrônica;*** *CD-ROM;* 2.498 verbetes; 11.034 p.; 234 Especialidades; glos. 2.498 termos (verbetes); 192 microbiografias; 147 tabs.; 191 verbetógrafos; 8ª Ed. Digital; Versão 8.00; *Associação Internacional Editares;* & *Associação do Centro de Altos Estudos da Conscienciologia* (CEAEC); Foz do Iguaçu, PR; 2013; páginas 10.380 a 10.387.

27. **Fortes,** Leandro; ***Um Monumento ao Desperdício*** (O Centro Cultural de Goiânia está abandonado); Artigo; *Carta Capital;* Revista; Semanal; Ano XV; N. 583; Seção: *Seu País;* 4 fotos; São Paulo, SP; 17.02.10; páginas 20 e 21.

28. **Frankl,** Viktor Emil; ***Em Busca de Sentido: Um Psicólogo no Campo de Concentração*** *(Trotzdem Ja Sum Leben Sagen);* pref. à edição norte-americana Gordon W. Allport; revisora Helga H. Reinhold; trad. Walter Schlupp; & Carlos Aveline; 184 p.; 3 caps.; 4 enus.; 1 foto; 1 microbiografia; 2 *websites;* 31 notas; 91 refs.; 2 webgrafias; 21 x 14 cm; br.; 31ª Ed. rev.; *Sinodal;* São Leopoldo, RS; & *Vozes;* Petrópolis, RJ; 2008; páginas 13 a 116.

29. **Gardner,** Howard; ***Inteligência: Um Conceito reformulado*** *(Intelligence Reframed);* revisores Fátima Fadel; *et al.;* trad. Adalgisa Campos da Silva; 348 p.; 12 caps.; 240 notas; 395 refs.; ono.; 20,5 x 13,5 cm; br.; *Objetiva;* Rio de Janeiro, RJ; 2001; páginas 11 a 116.

30. **Giannetti,** Eduardo; ***Auto-engano;*** revisoras Cecília Ramos; & Ana Paula Castellani; 270 p.; 7 caps.; 279 refs.; 21 x 14 cm; br.; 6ª Ed.; *Companhia das Letras;* São Paulo, SP; 1997; páginas 70 a 116.

31. **Idem;** ***O Valor de Amanhã: O Ensaio sobre a Natureza dos Juros;*** revisores Octacílio Nunes; & Carmen S. da Costa; 338 p.; 4 partes; 20 caps.; epíl.; 33 notas; 236 refs.; ono.; 30 x 20 cm; br.; *Companhia das Letras;* São Paulo, SP; 2005; páginas 11 a 13, 87, 90, 124, 125, 171 e 174.

32. **Goleman,** Daniel; ***Foco: A Atenção e seu Papel Fundamental para o Sucesso*** *(Focus);* revisoras Joana Milli; Raquel Correa; & Fernanda Hamann de Oliveira; trad. Cássia Zanon; 294 p.; 7 partes; 21 caps.; 1 *E-mail;* 8 enus.; 2 fotos; 1 ilus.; 1 microbiografia; 1 teste; 12 *websites;* 232 refs.; 18 webgrafias; alf.; 23 x 16 cm; br.; *Objetiva;* Rio de Janeiro, RJ; 2014; páginas 81, 107, 108, 204, 248, 253, 254, 270 e 275.

33. **Guzzi,** Flavia; ***Mudar ou Mudar: Relatos de uma Reciclante Existencial;*** pref. Málu Balona; revisores Ana Luiza Rezende; *et al.;* 226 p.; 14 caps.; 19 *E-mails;* 1 entrevista; 11 enus.; 1 foto; 1 microbiografia; 6 técnicas; 3 *websites;* glos. 300 termos; 20 refs.; alf.; 20,5 x 13,5 cm; br.; *Instituto Internacional de Projeciologia e Conscienciologia* (IIPC); Rio de Janeiro, RJ; 1998; páginas 10 a 22.

34. **Guzzo,** J. R.; ***Analfabetos Voluntários;*** *Veja;* São Paulo, SP; 11 de junho, 2014; p. 100 e 101.

35. **Halévy,** Marc; ***A Era do Conhecimento: Princípio e Reflexões sobre a Revolução Noética no Século XXI*** *(L'Âge de la Connaissance: Príncipes er Refléxions sur la Revolution Noétique au 21 ème Sciècle);* trad. Roberto Leal; 36 caps.; 348 p.; 1 *E-mail;*

2 *websites;* glos. 123 termos; 97 refs.; ono.; 23 x 16 cm; br.; *Editora UNESP;* São Paulo, SP; 2010; páginas 22, 23, 42 e 43.

36. **Haymann,** Maximiliano; ***Síndrome do Ostracismo: Mecanismos e Autossuperação;*** pref. Waldo Vieira; revisoras Erotides Louly; Helena Araujo; & Julieta Mendonça; 218 p.; 5 seções; 24 caps.; 17 *E-mails;* 134 enus.; 2 fluxogramas; 1 foto; 1 microbiografia; 2 tabs.; 16 *websites;* glos. 152 termos; 5 filmes; 202 refs.; 2 apênds.; alf.; geo.; ono.; 23,5 x 16 cm; enc.; *Associação Internacional Editares;* Foz do Iguaçu, PR; 2011; páginas 21 a 48.

37. **Harris,** Sam; ***Carta a uma Nação Cristã*** *(Letter to a Christian Nation);* pref. Richard Dawkins; revisores Otacílio Nunes; & Ana Maria Barbosa; trad. Isa Mara Lando; 92 p.; 1 enu.; 31 notas; 10 refs.; 13, 5 x 21 cm; *Companhia das Letras;* São Paulo, SP; 2007; páginas 9 a 86.

38. **Idem;** ***A Morte da Fé: Religião, Terror e o Futuro da Razão*** *(The End of Faith: Religion, Terror, and the Future of Reason);* revisores Huendel Viana; & Marcia Marchiori; trad. Claudio Carina; & Isa Mara Lando; 388 p.; 7 caps.; 686 refs.; 21 x 14 cm; br.; *Companhia das Letras;* São Paulo, SP; 2009; páginas 67 a 73, 90, 95, 160, 166, 174, 204, 259, 263 e 287.

39. **Johnson,** Steven; ***Como Chegamos até aqui: A História das Inovações que Fizeram a Vida Moderna Possível*** *(How We Got to Now: Six Innovations that Made the Modern World);* trad. Claudio Carina; 236 p.; 6 caps.1 *E-mail;* 1 esquema; 60 fotos; 14 ilus.; 1 mapa; 1 microbiografia; 1 tab.; 1 *website;* 125 refs.; ono.; 23 x 16 cm; br.; *Zahar;* Rio de Janeiro, RJ; 2015; páginas 8 a 212.

40. **Kahneman,** Daniel; ***Thinking, Fast and Slow*** *(Rápido e Devagar: Duas Formas de Pensar);* revisoras Ana Kronemberger; & Fatima Fadel; trad. Cássio de Arantes Leite; 608 p.; 5 seções; 38 caps.; 4 ilus.; 400 notas; 2 apênds.; alf.; 23 x 16 x 3 cm; br.; *Objetiva;* Rio de Janeiro, RJ; 2012; páginas 9 a 24.

41. **Kaplan;** Harold I.; **Sadock;** Benjamin J.; & **Grebb;** Jack A.; ***Compêndio de Psiquiatria: Ciências do Comportamento e Psiquiatria Clínica*** *(Kaplan and Sadock's Synopsis of Psychiatric; Behavioral Sciences and Clinical Psychiatric);* trad. Dayse Batista; revisor Alceu Filman; 1.170 p.; 52 caps.; 95 ilus,; glos. 100 termos; 95 fotos; 60 gráfs.; 666 tabs.; 20 esquemas; 125 fórmulas; 1 mapa; 4 enus.; 2 fluxogramas; 2.902 refs.; alf.; 28,5 x 21,5 x 6 cm; enc.; 7ª Ed.; *Artmed;* Porto Alegre, RS; Brasil; 1997; páginas 308 e 309.

42. **Kostman,** Ariel; **"*Não Adianta Chorar*";** Entrevista: Andréa Salgado; *Veja;* Revista; Semanário; Ed. 1.852; Ano 37; N. 18; 1 foto; São Paulo, SP; 05.05.04; páginas 13 a 17.

43. **Leite,** Hernande; ***Inteligência Financeira Proexogênica;*** verbete; In: **Vieira;** Waldo; ***Enciclopédia da Conscienciologia Eletrônica;*** *CD-ROM;* 2.498 verbetes; 11.034 p.; 234 Especialidades; glos. 2.498 termos (verbetes); 192 microbiografias; 147 tabs.; 191 verbetógrafos; 8ª Ed. Digital; Versão 8.00; *Associação Internacional Editares;* & *Associação do Centro de Altos Estudos da Conscienciologia* (CEAEC); Foz do Iguaçu, PR; 2013; páginas 6.114 a 6.123.

44. **Leite,** Marcelo; ***Grupo tenta Convencer Jovens a não Dirigir depois de Beber;*** Reportagem; *Folha de S. Paulo;* Jornal; Diário; S/A; S/N; Seção: *Trânsito;* Caderno: *Cotidiano*; 1 foto; São Paulo, SP; 15.05.99; página 4.

45. **Lilienfeld,** Scott O.; **Arkowitz,** H.; ***A Vida em Desordem;*** *Mente&Cérebro;* Revista; São Paulo, SP; 2014; p. 50 a 53.

46. **Lipovetsky,** Gilles; ***A Era do Vazio: Ensaios sobre o Individualismo Contemporâneo*** *(L'ère du Vide Essais sur l'Individualisme Contemporain);* trad. Therezinha M. Deutsch; 198 p.; 6 caps.; posf.; alf.; 22,5 x 15,5 cm; br.; *Manole;* Barueri, SP; 2005; páginas 20 a 34.

47. **Loche,** Laênio; ***Determinantes do Conteúdo da Proéxis: A Abordagem Sistêmica da Evolução;*** Artigo; *V Balanço Existencial;* Foz do Iguaçu, PR; 18-21.02.07; *Conscientia;* Revista; Trimestral; Vol. 11; 1-S; Seção: *Temas da Conscienciologia;* 1 *E-mail;* 33 enus.; 1 escala; 1 ilus.; 1 tab.; 16 refs.; Foz do Iguacu, PR; Fevereiro, 2007; páginas 3 a 17.

48. **Idem;** ***Aporte Existencial;*** verbete; In: **Vieira;** Waldo; ***Enciclopédia da Conscienciologia Eletrônica;*** *CD-ROM;* 2.498 verbetes; 11.034 p.; 234 Especialidades; glos. 2.498 termos (verbetes); 192 microbiografias; 147 tabs.; 191 verbetógrafos; 8ª Ed. Digital; Versão 8.00; *Associação Internacional Editares;* & *Associação do Centro de Altos Estudos da Conscienciologia* (CEAEC); Foz do Iguaçu, PR; 2013; páginas 847 a 845.

49. **Lutfi,** Lucy; ***Voltei para Contar: Autobiografia de uma Experimentadora da Quase-Morte;*** pref. Hernande Leite; revisoras Ana Flávia Magalhães Pinto; *et al.;* 248 p.; 2 seções; 19 caps.; 18 anotações pessoais; 22 cronologias; 29 *E-mails;* 39 enus.; 1 foto; 6 ilus.; 1 microbiografia; 6 tabs.; 10 *websites;* 40 musicografias; 51 filmes; 1 nota; 178 refs.; 5 webgrafias; alf.; geo.; ono.; 21 x 14 cm; br.; *Associação Internacional Editares;* Foz do Iguaçu, PR; 2006; páginas 45, 50, 56 e 61.

50. **Luz,** Marcelo da; ***Onde a Religião termina?;*** pref. Waldo Vieira; revisores Erotides Louly; Helena Araujo & Valana Ferreira; 486 p.; 5 seções; 17 caps.; 12 documentários e minisséries; 17 *E-mails;* 39 enus.; 149 estrangeirismos; 1 foto; 1 microbiografia; 15 siglas; 2 tabs.; 16 *websites;* 79 infográficos; 22 filmes; 571 refs.; 2 apênds.; alf.; geo.; ono.; 23,5 x 16 x 3 cm; enc.; *Associação Internacional Editares;* Foz do Iguaçu, PR; 2011; páginas 373 a 383.

51. **Machado;** Cesar; ***Antivitimização: Alicerce para a Autoevolução;*** pref. Alexandre Zaslavsky; revisora Ninarosa Manfroi; 66 abreviaturas; 328 p.; 3 seções; 19 caps.; 25 *E-mails;* 50 estrangeirismos; 1 foto; 1 minibiografia; 5 tabs.; 22 *websites;* 215 refs.; alf.; geo.; ono.; glos. 153 termos; 23 x 16 cm; br; *Associação Internacional Editares;* Foz do Iguaçu, PR; 2016; páginas 163 a 170 e 225 a 234.

52. **Mackenzie,** Alec; ***A Armadilha do Tempo: Como Implantar um Plano de Ação Individual e Coletivo para Melhor Aproveitamento do Tempo Disponível*** *(The Time Trap: The Classic Book on Time Management);* Makron Books; São Paulo, SP; 1991; páginas 228 a 250.

53. **Manfroi,** Eliana; ***Autopesquisa e Profilaxia da Síndrome da Ectopia de Proéxis;*** Artigo; *IV Jornada de Autopesquisa Conscienciologica;* Florianópolis, SC; 21-23.04.06; *Journal of Conscientiology;* Revista; Trimestral; Vol. 8; N. 31-S; 7 enus.; 19 refs.; *International Academy of Consciousness* (IAC); London; UK; April, 2006; páginas 193 a 204.

54. **Idem;** ***Empreendendo a Evolução Pessoal através da Planificação Evolutiva;*** Artigo; *II Jornada de Administração Conscienciológica;* São Paulo, SP; 12-15.10.06; *Conscientia;* Revista; Trimestral; Ed. Especial; Vol. 10; N. 1; Seção: *Temas da Conscienciologia;* 1 *E-mail;* 12 enus.; 3 tabs.; 12 refs.; *Associação Internacional do Centro de Altos Estudos da Conscienciologia* (CEAEC); Foz do Iguaçu, PR; Janeiro-Março, 2006; páginas 12 a 20.

55. **Idem;** ***Resiliência Interassistencial: A Força do Exemplo;*** Artigo; *Journal of Conscientiology;* Revista; Trimestral; Vol. 9; N. 36; 1 *E-mail;* 4 enus.; 23 refs.; *International Academy of Consciousness* (IAC); Evoramonte; Portugal; 2007; páginas 427 a 435.

56. **Idem;** ***Crescendo Verbetógrafo-Maxiproexista: Assumindo a Identidade Interassistencial;*** Artigo; *II Congresso Internacional de Autopesquisologia;* 15-17.11.13; Foz do Iguaçu, PR; *Conscientia;* Revista; Ed. Especial; Vol. 17; N. 2; Seção: *Artigo Original;* 1 *E-mail;* 14 enus.; 3 refs.; *Associação Internacional do Centro de Altos Estudos da Conscienciologia* (CEAEC); Foz do Iguaçu, PR; Julho-Setembro, 2012; páginas 180 a 188.

57. **Idem;** ***Autauditoria Quinquagenária; Binômio Resiliência-Exemplarismo; Desambição Carreirística; Evitação do Autodesperdício;*** verbetes; In: **Vieira;** Waldo; Org.; ***Enciclopédia da Conscienciologia Eletrônica;*** *CD-ROM;* 2.498 verbetes; 11.034 p.; 234 Especialidades; glos. 2.498 termos (verbetes); 192 microbiografias; 147 tabs.; 191 verbetógrafos; 8ª Ed. Digital; Versão 8.00; *Associação Internacional Editares;* & *Associação do Centro de Altos Estudos da Conscienciologia* (CEAEC); Foz do Iguaçu, PR; 2013; páginas 1.235 a 1.240, 2.462 a 2.466, 3.884 a 3.888, 4.855 a 4.860.

58. **Martyn,** Lyons. ***Livro: Uma História Viva*** *(Books, a Living History);* revisores Ana Beatriz Viana Souto Maior; Cleber Siqueira; Denise de Almeida & Maristela de Nóbrega; trad. Luís Carlos Borges; 224 p.; 5 caps.; 57 refs.; 220 ilus.; ono.; 26 x 19,5 cm; enc.; *Editora Senac;* São Paulo, SP; 2011; página 11.

59. **Masi,** Domenico de; ***O Ócio Criativo*** *(Ozio Creativo);* Entrevista: Maria Serena Palieri; revisores Lucia Ribeiro de Souza; Luiz Cavalcanti; & Sergio Bellinelo Soares; trad. Lea Manzi; 336 p.; 14 caps.; 1 esquema; 5 ilus.; 20 x 14 cm; br.; *Sextante;* Rio de Janeiro, RJ; 2000; páginas 296 a 336.

60. **Idem; *O Futuro chegou: Modelos de Vida para uma Sociedade Desorientada*** *(Il Futuro è arrivato);* trad. Marcelo Costa Sievers; 768 p.; 14 caps.; 382 refs.; ono.; 22 x 15 x 4,5 cm; br.; *Quintanda Cultural* & *Casa da Palavra;* Rio de Janeiro, RJ; 2014; páginas 23 a 605.

61. **Melillo,** Aldo; & **Ojeda,** Elbio Néstor Suárez; ***Resiliência: Descobrindo as Próprias Fortalezas*** *(Resiliencia: Descubriendo las Propias Fortalezas);* trad. Valério Campos; 160 p.; 12 caps.; 163 refs.; 23 x 21 cm; br.; 2005; *Artmed;* Porto Alegre, RS; páginas 15 a 38 e 59 a 72.

62. **Merril,** Roger; & **Merril,** Rececca; ***Life Matters*** *(Questões Fundamentais da Vida: Criando um Equilíbrio Dinâmico entre trabalho, família, tempo e dinheiro);* pref. Stephen Covey; revisoras Clara Diament; *et al.;* trad. Sonia Maria Moitrel Schwarts; 288 p.; 7 caps.; 34 citações; 5 *E-mails;* 1 enu.; 3 esquemas; 1 teste; 5 *websites;* 85 notas; 40 refs.; 22,5 x 16 cm; br.; *Sextante;* Rio de Janeiro, RJ; 2004; páginas 161, 214, 215, 229 e 257.

63. **Mota,** Tathiana; ***Curso Intermissivo: Você se Preparou para os Desafios da Vida Humana?*** apres. Ana Luiza Rezende; revisor Cesar Machado; revisora Laura Bruna Araújo; 200 p.; 3 seções; 10 caps.; 2 *E-mails;* 10 questionários; 3 *websites;* posf.; 83 refs.; 14 webgrafias; 2 anexos; alf.; 23 x 16 cm; br.; *Editares;* Foz do Iguaçu, PR; 2016; páginas 61 a 63.

64. **Musskopf,** Tony; ***Autenticidade Consciencial;*** pref. Kátia Arakaki; revisores Claudio Lima; *et al.;* 376 p.; 107 caps.; 6 seções; 71 abrevs.; 22 *E-mails;* 155 enus.; 81 estrangeirismos; 1 microbiografia; 1 questionário da autenticidade consciencial com 10 perguntas e 10 respostas; 3 tabs.; 19 *websites;* glos. 237 termos; glos. 11 termos (neológico especializado); 6 filmes; 508 refs.; 1 anexo; alf.; geo.; ono.; 23,5 x 16,5 cm; br.; *Associação Internacional Editares;* Foz do Iguaçu, PR; 2012; páginas 212 a 215.

65. **Nonato,** Alexandre; *et al.;* ***Inversão Existencial: Autoconhecimento, Assistência e Evolução desde a Juventude;*** pref. Waldo Vieira; revisoras Helena Alves Araújo; & Erotides Louly; 304 p.; 70 caps.; 17 *E-mails;* 62 enus; 16 fotos; 5 microbiografias;

7 tabs.; 17 *websites;* glos. 155 termos; 376 refs.; 1 apênd.; alf.; 23 x 16 cm; br.; *Associação Internacional Editares;* Foz do Iguaçu, PR; 2011; páginas 22, 50 e 51.

66. **Oliveira;** Gesner; ***O Fim da Era do Desperdício;*** *Veja;* Revista; Semanário; Ed. 2.385; Ano 47; N. 32; 1 foto; *Editora Abril;* São Paulo, SP; 06.08.2014; páginas 17 a 21.

67. **Ribeiro,** Fabiana; ***Desperdício, Não!*** (Brasileiro é o que mais se preocupa com Descarte de Alimentos, diz Estudo em 8 Países); Reportagem; *O Globo;* Jornal; Diário; Ano LXXXVII; N. 28.556; Caderno: *Economia;* Rio de Janeiro, RJ; 12.11.11; página 31.

68. **Rodrigues;** Elisabeth; ***Técnica de Mais 1 Ano de Vida Intrafísica;*** verbete; In: **Vieira;** Waldo; ***Enciclopédia da Conscienciologia Eletrônica;*** *CD-ROM;* 2.498 verbetes; 11.034 p.; 234 Especialidades; glos. 2.498 termos (verbetes); 192 microbiografias; 147 tabs.; 191 verbetógrafos; 8ª Ed. Digital; Versão 8.00; *Associação Internacional Editares;* & *Associação do Centro de Altos Estudos da Conscienciologia* (CEAEC); Foz do Iguaçu, PR; 2013; páginas 10.369 a 10.375.

69. **Rosa,** Diego; ***Diálogo sobre o Desperdício;*** Reportagem; *A Notícia;* Jornal; Diário; N. 24.017; 1 foto; Seção: *Cidade;* Joinville, SC; 11.01.07; página 8.

70. **Rossa,** Dayane; ***Trafor Ocioso;*** verbete; In: **Vieira;** Waldo; ***Enciclopédia da Conscienciologia Eletrônica;*** *CD-ROM;* 2.498 verbetes; 11.034 p.; 234 Especialidades; glos. 2.498 termos (verbetes); 192 microbiografias; 147 tabs.; 191 verbetógrafos; 8ª Ed. Digital; Versão 8.00; *Associação Internacional Editares;* & *Associação do Centro de Altos Estudos da Conscienciologia* (CEAEC); Foz do Iguaçu, PR; 2013; páginas 10.618 a 10.623.

71. **Idem;** ***Oportunidade de Viver: Estudo sobre a Existência Humana e o Sentido da Vida;*** pref. Amin Lascani; revisores Equipe de Revisores da Editares; 328 p.; 8 seções; 47 caps.; 22 *E-mails;* 192 enus.; 1 foto; 1 minicurrículo; 2 tabs.; 20 *websites;* glos. 179 termos; 10 filmes; 199 refs.; alf.; 23 x 16 cm; br.; *Associação Internacional Editares;* Foz do Iguaçu, PR; 2014; páginas 183 a 198.

72. **Rosenberg,** B. Marshall; ***Comunicação Não-Violenta: Técnicas para Aprimorar Relacionamentos Pessoais e Profissionais*** *(Nonviolent Communication: A Language of Life);* pref. Arun Gandhi; revisor Dominic Barter; trad. Mário Vilela; 286 p.; 13 caps.; 6 depoimentos; 3 *E-mails;* 40 enus.; 1 tab.; 5 testes; 3 *websites;* 55 refs.; alf.; 21 x 14 cm; br.; 3ª Ed.; *Ágora;* São Paulo, SP; 2006; páginas 37 a 253.

73. **Santarosa,** Daniela; ***Desperdício na Saúde*** (Hepatite B causa 25% dos Descartes de Córnea no RS); Reportagem; *Zero Hora;* Jornal; Diário; Ano 49; N. 17.157; Seção: *Geral;* Porto Alegre, RS; 27.09.12; página 36.

74. **Schmit,** Luimara; ***Programa de Recéxis: Recurso Conscienciométrico para Autoplanejamento;*** Artigo; *I Congresso Internacional de Autopesquisologia & V Jornada de Autopesquisa;* Rio de Janeiro, RJ; 13-15.11.10; *Conscientia;* Revista; Trimestral; Ed. Especial; Vol. 14; N. 1; Seção: *Temas da Conscienciologia;* 1 *E-mail;* 10 enus.; 1 microbiografia; 14 tabs.; 6 refs.; *Associação Internacional do Centro de Altos Estudos da Conscienciologia* (CEAEC); Foz do Iguaçu, PR; Janeiro-Março, 2010; páginas 25 a 38.

75. **Stamateas,** Bernardo; ***Autossabotagem: Reconheça e mude as Atitudes que você toma contra si mesmo*** *(Autoboicot);* trad. Sandra Martha Dolinsky; 190 p.; 14 caps.; 1 *E-mail;* 74 enus.; 1 foto; 1 microbiografia; 2 *websites;* 2 notas; 33 refs.; 21 x 14 cm; br.; *Academia de Inteligência;* São Paulo, SP; 2009; páginas 65 a 84.

76. **Stédile,** Eliane; & **Facury,** Marco Antônio Rocha; ***Autovivenciograma: Técnica para Autopesquisa;*** Artigo; *I Congresso Internacional de Autopesquisologia & V Jornada de Autopesquisa;* Rio de Janeiro, RJ; 13-15.11.10; *Conscientia;* Revista; Trimestral; Ed. Especial; Vol. 14; N. 1; Seção: *Temas da Conscienciologia;* 2 *E-mails;* 12 enus.; 2 microbiografias; 1 técnica; 2 notas; 10 refs.; 2 anexos; *Associação Internacional do Centro de Altos Estudos da Conscienciologia* (CEAEC); Foz do Iguaçu, PR; Janeiro-Março, 2010; páginas 100 a 109.

77. **Steel,** Piers; ***A Equação de Deixar para Depois: Livre-se das Tentações e faça o que tem que Ser feito agora*** *(The Procrastination Equation);* trad. Gabriel Zide Neto; 278 p.; 10 caps.; 1 *E-mail;* 1 microbiografia; 348 refs.; 23 x 16 cm; br.; *BestSeller;* Rio de Janeiro, RJ; 2012; páginas 8 a 101.

78. **Strauch,** Barbara; ***O Melhor Cérebro da sua Vida: Segredos e Talentos da Maturidade*** *(The Secret Life of the Grown-up: The Surprising Talens of the Middle-aged Mind);* trad. Vera Ribeiro; 222 p.; 11 caps.; 1 microbiografia; 23 x 16 cm; br.; *Zahar;* Rio de Janeiro, RJ; 2011; páginas 23 a 213.

79. **Teles,** Mabel; ***Profilaxia das Manipulações Conscienciais;*** colaboradores Eduardo Ferreira; & Ivo Valente; pref. Flávia Guzzi; revisores Ana Flávia Magalhães; *et al.;* 346 p.; 6 partes; 44 caps.; 1 cronologia; 22 *E-mails;* 223 enus.; 1 foto; 1 microbiografia; 32 perguntas; 2 tabs.; 10 *websites;* glos. 182 termos; 10 filmes; 344 refs.; 1 apênd.; alf.; 21 x 14 cm; br.; *Associação Internacional do Centro de Altos Estudos da Conscienciologia* (CEAEC); & *Associação Internacional Editares;* Foz do Iguaçu, PR; 2007; páginas 32 a 79.

80. **Idem; *Bônus do Não;*** verbete; In: **Vieira;** Waldo; ***Enciclopédia da Conscienciologia Eletrônica;*** *CD-ROM;* 2.498 verbetes; 11.034 p.; 234 Especialidades; glos. 2.498 termos (verbetes); 192 microbiografias; 147 tabs.; 191 verbetógrafos; 8ª Ed. Digital; Versão 8.00; *Associação Internacional Editares;* & *Associação do Centro de Altos Estudos da Conscienciologia* (CEAEC); Foz do Iguaçu, PR; 2013; páginas 2.535 a 2.539.

81. **Idem;** ***Zéfiro: A Paraidentidade Intermissiva de Waldo Vieira;*** revisores Erotides Louly; *et. al.;* 240 p.; 3 seções; 14 caps.; 113 citações; 22 *E-mails;* 32 enus.; 37 fotos; 1 linha do tempo; 1 microbiografia; 2 tabs.; 20 *websites;* glos. 210 termos; 45 refs.; alf.; geo.; ono.; 23 x 16 cm; br.; *Associação Internacional Editares;* Foz do Iguaçu; PR; 2014; páginas 131 a 141.

82. **Theodoro Filho,** Jaci Alvarenga; ***A Cultura do Desperdício;*** Reportagem; *Gazeta do Rio;* Jornal; Diário; S/A; S/N; Seção: *Opinião;* Rio de Janeiro, RJ; 2001; 16.06.01; página 2.

83. **Toledo,** Flávio; ***Desperdício de Talentos;*** Reportagem; *Gazeta do Rio;* Jornal; Diário; Ano 2; N. 291; Seção: *Opinião;* Rio de Janeiro, RJ; 23.03.99; página 2.

84. **VandenBos,** Gary R.; Org.; ***Dicionário de Psicologia da APA*** *(APA Dictionary of Psychology);* revisores Maria Lucia Tiellet Nunes; & Giana Bitencourt Frizzo; trad. Daniel Bueno; Maria Adriana Veríssimo Veronese; & Maria Cristina Monteiro; 1.040 p.; glos. 25.000 termos; 4 apênds.; 28 x 21 cm; enc.; *Artmed;* Porto Alegre, RS; 2010; página 845.

85. **Veja;** ***Ranking do Desperdício;*** Redação; Revista; Semanário; Ed. 1.665; Ano 33; N. 36; Seção: *Para Usar;* 5 fotos; 1 tab.; São Paulo, SP; 06.09.2000; página 150.

86. **Veja;** ***A Angústia do Excesso de Informação;*** Redação; Revista; Ano 34; N. 35; Seção: *Comportamento;* São Paulo, SP; 05.09.2001; páginas 62 a 66.

87. **Vicenzi,** Luciano; ***Coragem para Evoluir;*** pref. Málu Balona; revisoras Gisele Salles; Karina Thomaz; & Márcia Abrantes; 188 p.; 8 caps.; 21 *E-mails;* 1 entrevista; 51 enus.; 1 foto; 2 ilus.; 1 microbiografia; 2 tabs.; 3 *websites;* glos. 37 termos; 50 refs.; alf.; 21 x 14 cm; br.; *Instituto Internacional de Projeciologia e Conscienciologia* (IIPC); Rio de Janeiro, RJ; 2001; páginas 17, 79, 86, 87, 149 e 151.

88. **Vieira,** Waldo; ***700 Experimentos da Conscienciologia;*** 1.058 p.; 40 seções; 100 subseções; 700 caps.; 147 abrevs.; 1 cronologia; 100 datas; 1 *E-mail;* 600 enus.; 272 estrangeirismos; 2 tabs.; 300 testes; glos. 280 termos; 5.116 refs.; alf.; geo.; ono.; 28,5 x 21,5 x 7 cm; enc.; *Instituto Internacional de Projeciologia e Conscienciologia* (IIPC); Rio de Janeiro; RJ; 1994; páginas 565 a 570, 632, 633 e 682.

89. **Idem;** ***Manual da Tenepes: Tarefa Energética Pessoal;*** revisor Alexander Steiner; 142 p.; 34 caps.; 147 abrevs.; 1 *E-mail;* 52 enus.; 1 foto; 1 microbiografia; 1 tab.; 1 teste; glos. 282 termos; 5 refs.; alf.; 21 x 14 cm; br.; *Instituto Internacional de Projeciologia;* Rio de Janeiro, RJ; 1995; páginas 21 a 26.

90. **Idem;** ***Conscienciograma: Técnica de Avaliação da Consciência Integral;*** revisor Alexander Steiner; 344 p.; 150 abrevs.; 106 assuntos das folhas de avaliação;

3 *E-mails;* 11 enus.; 100 folhas de avaliação; 1 foto; 1 microbiografia; 100 qualidades da consciência; 100 títulos das folhas de avaliação; 1 *website;* 2.000 questionamentos; 100 títulos das folhas de avaliação; 1 *website;* glos. 282 termos; 7 refs.; alf.; 21 x 14 cm; br.; *Instituto Internacional de Projeciologia;* Rio de Janeiro, RJ; 1996; páginas 52 a 251.

91. **Idem;** ***Temas da Conscienciologia;*** revisores Alexander Steiner; Cristiane Ferraro; & Graça Razera; 232 p.; 7 seções; 90 caps.; 10 diagnósticos; 15 *E-mails;* 115 enus.; 1 foto; 1 microbiografia; 10 pesquisas; 30 testes conscienciométricos; 2 tabs.; 2 *websites;* 16 refs.; alf.; ono.; 21 x 14 cm.; br.; *Instituto Internacional de Projeciologia e Conscienciologia* (IIPC); Rio de Janeiro, RJ; 1997; páginas 160 e 161.

92. **Idem;** ***100 Testes da Conscienciometria;*** revisor Alexander Steiner; 232 p.; 100 caps.; 15 *E-mails;* 103 enus.; 1 foto; 1 microbiografia; 123 questionamentos; 2 *websites;* 14 refs.; alf.; 21 x 14 cm; br.; *Instituto Internacional de Projeciologia e Conscienciologia* (IIPC); Rio de Janeiro, RJ; 1997; página 150 a 153.

93. **Idem;** ***Manual da Dupla Evolutiva;*** revisores Alexander Steiner; Cristiane Ferraro; & Graça Razera; 212 p.; 40 caps.; 17 *E-mails;* 88 enus.; 1 foto; 1 microbiografia; 1 teste; 2 *websites;* 16 refs.; alf.; 21 x 14 cm; br.; 2ª Ed.; *Instituto Internacional de Projeciologia e Conscienciologia* (IIPC); Rio de Janeiro, RJ; 1997; página 11.

94. **Idem;** ***200 Teáticas da Conscienciologia: Especialidades e Subcampos;*** revisores Alexander Steiner; *et al.;* 260 p.; 200 caps.; 15 *E-mails;* 8 enus.; 1 foto; 1 microbiografia; 13 refs.; alf,; 21 x 14 cm; br.; *Instituto Internacional de Projeciologia e Conscienciologia* (IIPC); Rio de Janeiro, RJ; 1997; páginas 22, 30, 40, 41, 43, 57 e 204.

95. **Idem;** ***Manual da Proéxis;*** revisores Alexander Steiner; & Cristiane Ferraro; 172 p.; 40 caps.; 15 *E-mails;* 86 enus.; 1 foto; 1 microbiografia; 2 *websites;* 17 refs.; alf.; 21 x 14 cm; br.; 2ª Ed. rev.; *Instituto Internacional de Projeciologia e Consciencio*logia (IIPC); 1998; Rio de Janeiro, RJ; páginas 9, 17 a 19, 21, 56 e 116.

96. **Idem;** ***Manual de Redação da Conscienciologia;*** revisores Alexander Steiner; *et al.;* 276 p.; 15 seções; 150 caps.; 152 abrevs.; 23 *E-mails;* 54 enus.; 274 estrangeirismos; 30 expressões idiomáticas portuguesas; 1 foto; 60 locuções do idioma espanhol; 85 megapensenes trivocabulares; 1 microbiografia; 30 pesquisas; 6 técnicas; 30 teorias; 8 testes; 60 tipos de artefatos do saber; 60 vozes de animais subumanos; 3 *websites;* glos. 300 termos; 609 refs.; 28 x 21 cm; br.; 2ª Ed. rev.; *Associação Internacional do Centro de Altos Estudos da Conscienciologia* (CEAEC); Foz do Iguaçu, PR; 2002; páginas 13 a 204.

97. **Idem;** ***Homo sapiens reurbanisatus;*** revisores Equipe de Revisores do Holociclo; 1.584 p.; 24 seções; 479 caps.; 139 abrevs.; 12 *E-mails;* 597 enus.; 413 estrangeirismos; 1 foto; 40 ilus.; 1 microbiografia; 25 tabs.; 4 *websites;* glos. 241 termos; 3 infográficos; 102

filmes; 7.665 refs.; alf.; geo.; ono.; 29 x 21 x 7 cm; enc.; 3ª Ed. Gratuita; *Associação Internacional do Centro de Altos Estudos da Conscienciologia* (CEAEC); Foz do Iguaçu, PR; 2004; páginas 47, 214, 227, 229, 230, 245, 246, 275, 499, 602, 663, 674, 685 a 932, 1.038 e 1.122.

98. **Idem;** ***Homo sapiens pacificus;*** revisores Equipe de Revisores do Holociclo; 1.584 p.; 24 seções; 413 caps.; 403 abrevs.; 38 *E-mails;* 434 enus.; 484 estrangeirismos; 1 foto; 37 ilus.; 168 megapensenes trivocabulares; 1 microbiografia; 36 tabs.; 15 *websites;* glos. 241 termos; 25 pinacografias; 103 musicografias; 24 discografias; 20 cenografias; 240 filmes; 9.625 refs.; alf.; geo.; ono.; 29 x 21,5 x 7 cm; enc.; 3ª Ed. Gratuita; *Associação Internacional do Centro de Altos Estudos da Conscienciologia (CEAEC);* & *Associação Internacional Editares;* Foz do Iguaçu, PR; 2007; páginas 798 , 908 e 946.

99. **Idem;** ***Nossa Evolução;*** revisora Tatiana Lopes; 170 p.; 15 caps.; 149 abrevs.; 17 *E-mails;* 1 foto; 1 microbiografia; 162 perguntas; 162 respostas; 13 *websites;* glos. 282 termos; 6 refs.; alf.; 21 x 14 cm; br.; 3ª Ed.; *Associação Internacional Editares;* Foz do Iguaçu, PR; 2010; páginas 59 a 80.

100. **Idem;** ***Antepassado de Si Mesmo; Autorreflexão de 5 Horas; Cláusula Pétrea; Desperdício; Inteligência Evolutiva; Melin; Paradever; Parapolimatia; Parapsiquismo Intelectual; Partilha do Saber; Porão Consciencial; Prioridade; Riscomania; Tédio;*** verbetes; In: **Vieira;** Waldo; Org.; ***Enciclopédia da Conscienciologia Eletrônica;*** *CD-ROM;* 2.498 verbetes; 11.034 p.; 234 Especialidades; glos. 2.498 termos (verbetes); 192 microbiografias; 147 tabs.; 191 verbetógrafos; 8ª Ed. Digital; Versão 8.00; *Associação Internacional Editares;* & *Associação do Centro de Altos Estudos da Conscienciologia* (CEAEC); Foz do Iguaçu, PR; 2013; páginas 650 a 655, 2.011 a 2.014, 2.801 a 2.804, 3.977 a 3.980, 6.108 a 6.113, 7.202 a 7.205, 7.943 a 7.946, 8.111 a 8.113, 8.138 a 8.141, 8.258 a 8.261; 8.568 a 8.571, 8.847 a 8.850, 9.614 a 9.616, 10.411 a 10.413.

101. **Idem;** ***Dicionário de Argumentos da Conscienciologia;*** revisores Equipe de Revisores do Holociclo; 1.572 p.; 1 *blog;* 21 *E-mails;* 551 enus.; 1 esquema da evolução consciencial; 18 fotos; glos. 650 termos; 19 *websites;*alf.; 28,5 x 21,5 x 7 cm; enc.; *Associação Internacional Editares;* Foz do Iguaçu, PR; 2014; páginas 107, 163, 198, 206, 208, 262, 314, 408, 464, 562, 638, 756, 783, 819, 877, 930, 950, 954, 959, 965, 971, 997 e 1.002.

102. **Idem;** ***Léxico de Ortopensatas;*** revisores Equipe de Revisores do Holociclo; 2 Vols.; 1.800 p.; Vols. 1 e 2; 1 *blog;* 652 conceitos analógicos; 22 *E-mails;* 19 enus.; 1 esquema da evolução consciencial; 17 fotos; glos. 6.476 termos; 1.811 megapensenes trivocabulares; 1 microbiografia; 20.800 ortopensatas; 2 tabs.; 120 técnicas lexicográficas; 19 *websites;* 28,5 x 22 x 10 cm; enc.; *Associação Internacional Editares;* Foz do Iguaçu, PR;

2014; páginas 55, 64, 108, 149, 156, 184, 187, 188, 192, 194, 228, 270, 286, 405, 503, 527, 616, 659, 670, 674, 713, 764, 910, 917, 922, 960, 970, 993, 1.047, 1.063; 1.068; 1.158, 1.159, 1.175, 1.364, 1.423, 1.465, 1.471, 1.472, 1.531, 1.575, 1.609 e 1.671.

103. **Wood,** John; ***Saí da Microsoft para Mudar o Mundo*** *(Leaving Microsoft to Change the World);* revisores José Tedin Pinto; Luis Américo Costa; & Tereza da Rocha; trad. Mário Molina; 240 p.; 24 caps.; 20 x 13 cm; br.; *Sextante;* Rio de Janeiro, RJ; 2007; páginas 63 a 201.

104. **Xausa,** Izar; ***A Psicologia do Sentido da Vida;*** 256 p.; 5 caps.; 175 refs.; 21 x 13,5 cm; br.; *Vozes;* Petrópolis, RJ; 1986; páginas 13 a 210.

WEBGRAFIA ESPECÍFICA

1. **Robson,** David; ***O Surpreendente Lado Ruim de Ser Inteligente;*** disponível em: http://www.bbc.com/portuguese/noticias/2015/04/150417_vert_fut_lado_ruim_inteligencia_ml; acesso em 14.05.16.

2. **United Nations; *Department of Economic and Social Affairs, Population Division (2015). World Population Prospects: The 2015 Revision, Key Findings and Advance Tables, Working Paper;*** No. ESA/P/WP.241; New York, 2015; disponível em: <http://esa.un.org/unpd/wpp/Publications/Files/Key_Findings_WPP_2015.pdf>; acesso em: 10.05.16.

Verbetes Publicados pela Autora na *Enciclopédia da Conscienciologia*

(Data-base: Maio de 2017 – Verbetes em ordem de apresentação)

01. ***Binômio resiliência-exemplarismo*** (Interassistenciologia; Homeostático).

02. **Evitação do autodesperdício** (Autoproexologia; Homeostático).

03. ***Cultura de paz*** (Pacifismologia; Homeostático).

04. **Zona de desconforto** (Autocoerenciologia; Neutro).

05. **Brilhareco intelectual** (Mentalsomatologia; Nosográfico).

06. **Autopesquisa retrocognitiva de Campo** (Autorretrocogniciologia; Neutro).

07. **Caloria intelectual** (Gesconologia; Homeostático).

08. **Desambição carreirística** (Proexologia; Homeostático).

09. **Autauditoria quinquagenária** (Autoproexogramologia; Neutro).

10. **Gauchismo** (Parassociologia; Neutro).

11. **Taquilalia** (Taquirritmologia; Neutro).

12. **Trafor da escrita** (Traforologia; Homeostático).

13. **Heresiologia** (Descrenciologia; Neutro).

14. **Janela de oportunidade** (Evoluciologia; Homeostático).

15. **Vazio existencial** (Proexologia; Nosográfico).

16. ***Cultura antimanicomial*** (Civilizaciologia; Homeostático).

17. **Continuísmo verbetográfico** (Ortografopensenologia; Homeostático).

18. ***Crescendo verbetógrafo-maxiproexista*** (Maxiproexologia; Homeostático).

19. **Tolicionário afetivo** (Psicossomatologia; Nosográfico).

20. ***Efeito sanfona*** (Equilibriologia; Nosográfico).

21. **Clivagem evolutiva** (Evoluciologia; Neutro).

22. **Ônus da diferença** (Invulgarologia; Neutro).

23. ***Interação Farturologia-Desperdiciologia*** (Discernimentologia; Nosográfico).

24. **Metanálise verbetográfica** (Cosmanaliticologia; Homeostático).

25. **Capacidade ociosa proexológica** (Proexometria; Nosográfico).

26. **Audácia prudente** (Autodiscernimentologia; Homeostático).

27. **Antiautomarasmologia** (Gesconologia; Homeostático).

28. **Ingenuidade ardilosa** (Intencionologia; Nosográfico).

29. ***Síndrome do autodesperdício*** (Parapatologia; Nosográfico).

30. **Aporte autoral** (Conscienciografologia; Neutro).

31. **Esbregue pró-evolutivo** (Interassistenciologia; Homeostático).

32. **Senso de utilidade evolutiva** (Evoluciologia; Homeostático).

33. **Quociente evolutivo** (Conscienciometrologia; Neutro).

34. **Medievo** (Historiologia; Neutro).

35. **Leiturofilia crítica** (Mentalsomatologia; Neutro).

36. **Grafofilia** (Conscienciografologia; Neutro).

37. ***ENCYCLOSSAPIENS*** (Enciclopediologia; Homeostático).

38. **Tolicionário midiático** (Comunicologia; Nosográfico).

39. **Evitação da autobsolescência** (Antidesperdiciologia; Homeostático).

40. **Conscin-cobaia duplista** (Cobaiologia; Neutro).

41. **Contradança evolutiva** (Seriexologia; Neutro).

42. ***Interação Paciologia-Enciclopediologia*** (Reurbexologia; Homeostático).

43. **Manual do intermissivista** (Proexologia; Homeostático).

44. **Holopensene bibliográfico** (Grafopensenologia; Neutro).

45. **Conscin mecenas cosmoética** (Retribuiciologia; Homeostático).

46. **Neoescriba conscienciológico** (Conscienciografologia; Homeostático).

47. ***Cultura da dessacralização*** (Descrenciologia; Homeostático).

48. **Legadologia Enciclopédica** (Neoenciclopediologia; Homeostático).

49. **Inteligência paracontextual** (Parapercucienciologia; Neutro).

50. ***Técnica dos 50 verbetes*** (Verbetografologia; Homeostático).

51. **Materpensene autoral** (Grafopensenologia; Neutro).

52. **Ortoneuroléxico** (Neurolexicologia; Homeostático).

53. **Gratidão intelectual** (Retribuiciologia; Homeostático).

54. **Biblioteca retrocognitiva** (Seriexologia; Neutro).

55. **Enciclopensenidade** (Neoenciclopediologia; Neutro).

Receituário de Verbetes Antiautodesperdício

Definição. Nader (1951–) define o *receituário de verbetes* enquanto conjunto de prescrições constituídas por grupo de entradas da *Enciclopédia da Conscienciologia* para impulsionar as autopesquisas teáticas da conscin, homem ou mulher, recém-chegada ao universo da Neociência Conscienciológica, objetivando a remissão das próprias patologias ou a qualificação das potencialidades pessoais (V. **Nader;** Rosa; ***Receituário de Verbetes;*** verbete; In: **Vieira,** Waldo; Org.; ***Enciclopédia da Conscienciologia;*** verbete apresentado no *Tertuliarium/CEAEC,* Foz do Iguaçu, PR, em: 16.11.2016).

Referência. A proposta inédita de organizar um *Receituário de Verbetes* foi feita pelo Professor Waldo Vieira em 02.09.2008, durante Tertúlia Conscienciológica no CEAEC, Foz do Iguaçu, PR.

Prescriciologia. Quando uma patologia ou alguma disfunção é diagnosticada, com frequência ocorre a indicação de terapêuticas para a resolução do agravo. O leitor ou leitora vai encontrar a seguir, em ordem alfabética, a prescrição de 100 verbetes de diferentes enciclopedistas, da *Enciclopédia da Conscienciologia,* indicada pela autora, no processo de remissão da *síndrome do autodesperdício* e à profilaxia (prevenção) de tal condição nosológica:

01. **Abordagem da oportunidade** (Autolucidologia; Homeostático).
02. **Abordagem relevante** (Autopriorologia; Homeostático).
03. **Amplitude autopensênica** (Proexologia; Homeostático).
04. **Anorexia decisória** (Decidologia; Nosográfico).
05. **Antiautomarasmologia** (Gesconologia; Homeostático).
06. **Antidispersividade cotidiana** (Rotinologia; Neutro).
07. **Antiprocrastinação** (Autodiscernimentologia; Homeostático).

08. **Antiutilitário** (Autodiscernimentologia; Nosográfico).
09. **Aporte existencial** (Proexologia; Homeostático).
10. **Apreço pela autolucidez** (Autolucidologia; Homeostático).
11. **Aproveitamento do tempo** (Autoproexologia; Homeostático).
12. **Audácia prudente** (Autodiscernimentologia; Homeostático).
13. **Autauditoria quinquagenária** (Autoproexogramologia; Neutro).
14. **Autodecisão crítica** (Autodecidologia; Neutro).
15. **Autodespriorização** (Autodiscernimentologia; Nosográfico).
16. **Autodeterminação decenal** (Autodeterminologia; Homeostático).
17. **Autofamiliaridade ascendente** (Autoconviviologia; Homeostático).
18. **Autogestão existencial** (Autoproexologia; Neutro).
19. **Autolucidez proexológica** (Proexologia; Homeostático).
20. **Autopriorologia** (Autodiscernimentologia; Neutro).
21. **Autorganização consciencial** (Autorganizaciologia; Neutro).
22. **Autovivência das prioridades** (Autopriorologia; Homeostático).
23. **Banalização dos autotraf*o*res** (Traf*o*rologia; Nosográfico).
24. **Bem escasso** (Autopriorologia; Neutro).
25. **Bônus do não** (Crescendologia; Neutro).
26. **Capacidade ociosa da proéxis** (Proexometrologia; Nosográfico).
27. **Completismo existencial diário** (Autoproexologia; Homeostático).
28. **Criteriologia** (Autodiscernimentologia; Homeostático).
29. **Desambição carreirística** (Proexologia; Homeostático).
30. **Desdramatização** (Autodiscernimentologia; Homeostático).

31. **Desestagnação do intermissivista** (Autopriorologia; Homeostático).

32. **Desperdício** (Ecologia; Nosográfico).

33. **Desviacionismo** (Proexologia; Nosográfico).

34. **Direção megafocal** (Proexologia; Neutro).

35. **Dispersão intelectual** (Dispersologia; Nosográfico).

36. **Enfrentamento evolutivo** (Proexologia; Homeostático).

37. **Esbanjamento consciencial** (Intrafisicologia; Nosográfico).

38. **Esbregue pró-evolutivo** (Interassistenciologia; Homeostático).

39. ***Escala das prioridades evolutivas*** (Evoluciologia; Homeostático).

40. **Escolha do rumo evolutivo** (Evoluciologia; Homeostático).

41. **Escolha evolutiva** (Experimentologia; Homeostático).

42. **Evitação da autobsolescência** (Antidesperdiciologia; Homeostático).

43. **Evitação do autodesperdício** (Autoproexologia; Homeostático).

44. **Fartura** (Intrafisicologia; Neutro).

45. **Inteligência resolutiva** (Autodiscernimentologia; Homeostático).

46. ***Interação dos recebimentos*** (Proexologia; Homeostático).

47. ***Interação Farturologia-Desperdiciologia*** (Discernimentologia; Nosográfico).

48. **Inventariologia** (Proexologia; Homeostático).

49. **Janela de oportunidade** (Evoluciologia; Homeostático).

50. ***Lei da proéxis*** (Proexologia; Homeostático).

51. **Linha de abertura** (Autoproexologia; Homeostático).

52. **Longevidade desaproveitada** (Perdologia; Nosográfico).

53. **Lucidologia** (Autoconscienciologia; Homeostático).

54. **Manual do intermissivista** (Proexologia; Homeostático).

55. **Manual pessoal de prioridades** (Proexologia; Homeostático).

56. **Maratona proexológica** (Proexologia; Homeostático).

57. **Megaomissão** (Autodiscernimentologia; Nosográfico).

58. **Meta existencial final** (Proexologia; Homeostático).

59. **Objetivo prioritário** (Autodiscernimentologia; Homeostático).

60. **Omnifrivolização** (Parapatologia; Nosográfico).

61. **Ônus da diferença** (Invulgarologia; Neutro).

62.**Oportunidade de viver** (Proexologia; Homeostático).

63. ***Paradoxo do autengano*** (Autolucidologia; Neutro).

64. **Pertinência evolutiva** (Autodiscernimentologia; Homeostático).

65. **Planejamento milimétrico** (Autoproexologia; Homeostático).

66. **Potencialização evolutiva** (Evoluciologia; Homeostático).

67. **Precocidade desperdiçada** (Perdologia; Nosográfico).

68. ***Princípio da prioridade compulsória*** (Holomaturologia; Homeostático).

69. **Prioridade** (Autevoluciologia; Neutro).

70. **Prioridade proexológica** (Autoproexologia; Homeostático).

71. **Priorização da proéxis** (Proexologia; Homeostático).

72. **Priorologia** (Evoluciologia; Neutro).

73. **Proexopatia** (Proexopatologia; Nosográfico)

74. **Profilaxia do açodamento** (Autopriorologia; Homeostático).

75. **Propósito de mudança** (Autoproexologia; Neutro).

76. **Protagonismo proexológico** (Proexologia; Homeostático).

77. **Quociente evolutivo** (Conscienciometrologia; Neutro).

78. **Ranque de prioridade** (Autexperimentologia; Homeostático).

79. **Receituário de verbetes** (Taristicologia; Neutro).

80. **Recurso evitável** (Recexologia; Homeostático).

81. **Resolução prioritária** (Autopriorologia; Homeostático).

82. **Retribuiciologia** (Proexologia; Homeostático).

83. **Revés fortalecedor** (Intrafisicologia; Homeostático).

84. **Senso autocrítico** (Automaturologia; Homeostático).

85. **Senso de orientação existencial** (Evoluciologia; Homeostático).

86. **Senso de utilidade evolutiva** (Evoluciologia; Homeostático).

87. ***Síndrome da dispersão consciencial*** (Antievoluciologia; Nosográfico).

88. ***Síndrome da subestimação*** (Paratologia; Nosográfico).

89. ***Síndrome do autodesperdício*** (Parapatologia; Nosográfico).

90. ***Técnica do trinomio motivação-trabalho-lazer*** (Intrafisicologia; Neutro).

91. **Tédio** (Parapatologia; Nosográfico).

92. **Top da automaturidade** (Automaturologia; Homeostático).

93. **Tra*for* da escrita** (Tra*for*ologia; Homeostático).

94. **Tra*for* ocioso** (Tra*for*ologia; Nosográfico).

95. ***Trinômio prioridade-desafio-autossuperação*** (Recexologia; Homeostático).

96. **Valor existencial** (Paraxiologia; Neutro).

97. **Vazio existencial** (Proexologia; Nosogáfico).

98. **Vida matemática** (Holomaturologia; Neutro).

99. **Vínculo consciencial** (Conscienciometrologia; Neutro).

100. **Viragem autevolutiva** (Autevoluciologia; Homeostático).

Índice Geográfico

Índice Onomástico

U

V

W

Índice Remissivo

B

C

D

E

F

L

M

N

O

P

Instituições Conscienciocêntricas (ICs)

ICs. As Instituições Conscienciocêntricas (ICs) são organizações cujos objetivos, metodologias de trabalho e modelos organizacionais estão fundamentados no *Paradigma Consciencial.* A atividade principal das ICs é apoiar a evolução das consciências através da *tarefa do esclarecimento* pautada pelas *verdades relativas de ponta,* encontradas nas pesquisas no campo da Ciência Conscienciologia e especialidades.

Voluntariado. Todas as Instituições Conscienciocêntricas são associações independentes, de caráter privado, sem fins de lucro e mantidas predominantemente pelo trabalho voluntário de professores, pesquisadores, administradores e profissionais de diversas áreas.

CCCI. O conjunto das Instituições Conscienciocêntricas e dos voluntários da Conscienciologia no planeta compõe a *Comunidade Conscienciológica Cosmoética Internacional* (CCCI) formada atualmente por 25 ICs, incluindo a *Associação Internacional Editares.*

AIEC – Associação Internacional para Expansão da Conscienciologia

Fundação: 22/04/2005
Sede: Av. Felipe Wandscheer, 6.200, sala 111, Cognópolis
Foz do Iguaçu, Paraná, Brasil, CEP: 85856-530
Tel.: +55 (45) 2102-1411
Site: www.worldaiec.org
Contato: aiec.comunicacao@gmail.com

Campus Discernimentum: Av. Felipe Wandscheer, 6.200, sala 201
Cognópolis, Foz do Iguaçu, Paraná, Brasil, CEP: 85856-530
Tel.: +55 (45) 2102-1400
Contato: contato@discernimentum.org

APEX – Associação Internacional da Programação Existencial

Fundação: 20/02/2007
Sede: Rua da Cosmoética, 1.635, Cognópolis, Caixa Postal 921, Centro
Foz do Iguaçu, Paraná, Brasil, CEP: 85853-755
Tel.: +55 (45) 3525-2652 – Fax: +55 (45) 3525-5511
Site: www.apexinternacional.org
Contato: contato@apexinternacional.org

ARACÊ – ASSOCIAÇÃO INTERNACIONAL PARA EVOLUÇÃO DA CONSCIÊNCIA

Fundação: 14/04/2001

***Campus* ARACÊ:** Rota do Conhecimento, Km 7, acesso pela BR-262 Km 87, Distrito de Aracê, Domingos Martins, Espírito Santo, Brasil

Endereço para correspondência: Caixa Postal 110, Pedra Azul Domingos Martins, Espírito Santo, Brasil, CEP: 29278-000

Tel.: +55 (27) 9739-2400

Site: www.arace.org

Contato: associacao@arace.org

ASSINVÉXIS – ASSOCIAÇÃO INTERNACIONAL DE INVERSÃO EXISTENCIAL

Fundação: 22/07/2004

***Campus* de Invexologia:** Av. Maria Bubiak, 1.100, Cognópolis Foz do Iguaçu, Paraná, Brasil, CEP: 85853-728

Tel.: +55 (45) 3525-0913

Site: www.assinvexis.org

Contato: contato@assinvexis.org

ASSIPEC – ASSOCIAÇÃO INTERNACIONAL DE PESQUISAS DA CONSCIENCIOLOGIA

Fundação: IC apresentada oficialmente na Tertúlia Conscienciológica do dia 14/08/2011

Sede: Rua XV de Novembro, 1.681, Vila Municipal Jundiaí, São Paulo, Brasil, CEP: 13201-006

Tel.: +55 (11) 4521-8541

Site: www.assipec.org

Contato: assipec@assipec.org

ASSIPI – ASSOCIAÇÃO INTERNACIONAL DE PARAPSIQUISMO INTERASSISTENCIAL

Fundação: 29/12/2011

Sede: Av. Felipe Wandscheer, 6.200, sala 212, Cognópolis Foz do Iguaçu, Paraná, Brasil, CEP: 85856-530

Tel.: +55 (11) 2102-1421 – VOIP: +55 (45) 4053-9818

Site: www.assipi.org

Contato: assipi@assipi.com

CEAEC – Associação Internacional do Centro de Altos Estudos da Conscienciologia

Fundação: 15/07/1995

Sede: Rua da Cosmoética, 1.635, Cognópolis, Caixa Postal 921, Centro
Foz do Iguaçu, Paraná, Brasil, CEP: 85853-755

Tel.: +55 (45) 3525-2652 – Fax:+55 (45) 3525-5511

Site: www.ceaec.org

Contato: ceaec@ceaec.org

COMUNICONS – Associação Internacional de Comunicação Conscienciológica

Fundação: 24/07/2005

Sede: Av. Felipe Wandscheer, 6.200, sala 206, Cognópolis
Foz do Iguaçu, Paraná, Brasil, CEP: 85856-530

Tel.: +55 (45) 2102-1409

Site: www.comunicons.org.br

Contato: comunicons@comunicons.org

CONSCIUS – Associação Internacional de Consciencometria Interassistencial

Fundação: 24/02/2006

Sede: Av. Felipe Wandscheer, 6.200, casa 352, Cognópolis
Foz do Iguaçu, Paraná, Brasil, CEP: 85856-530

Tel.: +55 (45) 2102-1460

***Site*:** www.conscius.org.br

Contato: conscius@conscius.org.br

CONSECUTIVUS – Associação Internacional de Pesquisas Seriexológicas e Holobiográficas

Fundação: 14/12/2014

Sede: Av. Felipe Wandscheer, 6.200, Casa 351, Cognópolis
Foz do Iguaçu, Paraná, Brasil, CEP: 85851-579

Tel.: +55 (45) 9807-1320

Site: www.consecutivus.com.br

Contato: consecutivus@consecutivus.com.br

COSMOETHOS – ASSOCIAÇÃO INTERNACIONAL DE COSMOETICOLOGIA

Fundação: 03/10/2015
Sede: Av. Felipe Wandscheer, 6.200, Sala 104, *Cosmoethicarium*
Cognópolis
Foz do Iguaçu, Paraná, Brasil, CEP: 85851-579
Tel.: +55 (45) 9807-1320
Site: www.cosmoethos.org.br
Contato: contato@cosmoethos.com.br

ECTOLAB – ASSOCIAÇÃO INTERNACIONAL DE PESQUISA LABORATORIAL EM ECTOPLASMIA E PARACIRURGIA

Fundação: 14/07/2013
Sede: Avenida Felipe Wandscheer, 6.200, sala 105, Cognópolis
Foz do Iguaçu, PR, Brasil, CEP: 85856-630
Telefone: +55 (45) 2102-1427
Site: www.ectolab.org
Contato: ectolab@ectolab.org

EDITARES – ASSOCIAÇÃO INTERNACIONAL EDITARES

Fundação: 23/10/2004
Sede: Av. Felipe Wandscheer, 6.200, sala 107, Cognópolis
Foz do Iguaçu, Paraná, Brasil, CEP: 85856-530
Tel.: +55 (45) 2102-1407
Site: www.editares.org.br
Shopcons: www.shopcons.com.br (portal de compra de livros)
Contato: editares@editares.org

ENCYCLOSSAPIENS – ASSOCIAÇÃO INTERNACIONAL DE ENCICLOPEDIOLOGIA CONSCIENCIOLÓGICA

Fundação: 21/12/2013
Sede: Rua da Cosmoética, 1.635, Cognópolis
Foz do Iguaçu, Paraná, Brasil, CEP: 85853-755, Caixa Postal 921
Tel.: +55 (45) 3525-2652 – Fax: +55 (45) 3525-5511
Site: www.encyclossapiens.org
Contato: contato@encyclossapiens.org

EVOLUCIN – Associação Internacional de Conscienciologia para Infância

Fundação: 09/07/2006
Sede: Av. Felipe Wandscheer, 6.200, sala 102, Cognópolis
Foz do Iguaçu, Paraná, Brasil, CEP: 85856-530
Tel.: +55 (45) 9909-6129
Site: www.evolucin.org
Contato: evolucin@gmail.com

IIPC – Instituto Internacional de Projeciologia e Conscienciologia

Fundação: 16/01/1988
Sede: Av. Felipe Wandscheer, 6.200, sala 103, Cognópolis
Foz do Iguaçu, Paraná, Brasil, CEP: 85856-530
Tel.: +55 (45) 2102-1448
Site: www.iipc.org.br
Contato: iipc@iipc.org.br

***Campus* de Pesquisas IIPC:** Estrada do Universalismo, 1.177
Sampaio Correa, Saquarema, Rio de Janeiro, Brasil
CEP: 28997-970
Tel.: +55 (22) 2654-1186
Contato: campussaquarema@iipc.org

INTERCAMPI – Associação Internacional dos *Campi* de Pesquisas da Conscienciologia

Fundação: 23/07/2005
Sede: Av. Antonio Basílio, 3006, sala 602, Lagoa Nova
Natal, Rio Grande do Norte, CEP: 59056-005
Tel.: +55 (84) 3211-3126
Site: www.intercampi.org
Contato: intercampi@intercampi.org

INTERPARES – Associação Internacional de Aportes Interassistenciais

Fundação: 15/05/2016
Sede: Rua da Cosmoética, 1635, sala 11, Cognópolis
Foz do Iguaçu, Paraná, Brasil, CEP: 85853-755
Tel.: +55 (45) 3525-2652
Site: www.interpares.org.br
Contato: aslascani@yahoo.com.br

JURISCONS – Associação Internacional de Paradireitologia

Fundação: 25/04/2015
Sede: Av. Felipe Wandscheer, 6.200, sala 350 A, Cognópolis
Foz do Iguaçu, Paraná, Brasil, CEP: 85856-530
Site: www.juriscons.org
Contato: juriscons@juriscons.org

OIC – Organização Internacional de Conscienciograpia

Fundação: 06/09/2003
***Campus* OIC:** Av. Felipe Wandscheer, 5.935, Cognópolis
Foz do Iguaçu, Paraná, Brasil, CEP: 85856-530
Tel.: +55 (45) 3025-1404 / 2102-1402
Site: www.oic.org.br
Contato: aco@oic.org.br

REAPRENDENTIA – Associação Internacional de Parapedagogia e Reeducação Consciencial

Fundação: 21/10/2007
Sede: Av. Felipe Wandscheer, 6.560, Cognópolis
Foz do Iguaçu, Paraná, Brasil, CEP: 85856-530
Site: www.reaprendentia.org
Contato: contato@reaprendentia.org.br

RECONSCIENTIA – Associação Internacional de Pesquisologia para Megaconscientização

Fundação: 02/07/2011
Sede: Felipe Wandscheer 6.200, Sala 104, Cognópolis
Foz do Iguaçu, Paraná, Brasil, CEP: 85856-530
Tel.: +55 (45) 9993-2000
Contato: pesquisologia@gmail.com

IC TENEPES – Associação Internacional de Tenepessologia

Fundação: 11/06/2016
Sede: Felipe Wandscheer 6.200, Sala 205, Cognópolis
Foz do Iguaçu, Paraná, Brasil, CEP: 85856-530
Tel.: +55 (45) 9131-2855
***Site:* www.ictenepes.org**

UNICIN – União das Instituições Conscienciocêntricas Internacionais

Fundação: 22/01/2005
Sede: Av. Felipe Wandscheer, 6.200, sala 105, Cognópolis
Foz do Iguaçu, Paraná, Brasil, CEP: 85856-530
Tel.: +55 (45) 2102-1405
Site: www.unicin.org
Contato: unicin@unicin.org

UNIESCON – União Internacional de Escritores da Conscienciologia

Fundação: 23/11/2008
Sede: Rua da Cosmoética, 1.635, Cognópolis
Foz do Iguaçu, Paraná, Brasil, CEP: 85853-755
Tel.: +55 (45) 3525-2652 – Fax:+55 (45) 3525-5511
Site: www.uniescon.org
Contato: uniescon.ccci@gmail.com

Títulos Publicados pela Editares

AUTOR	*TÍTULO*
Adriana Kauati	SÍNDROME DO IMPOSTOR
Adriana Lopes	SENSOS EVOLUTIVOS E CONTRASSENSOS REGRESSIVOS
Alessandra Nascimento / Felix Wong (Orgs.)	CONSCIENCIOLOGIA É NOTÍCIA – PROJECIOLOGIA
Alexandre Nonato	JK E OS BASTIDORES DA CONSTRUÇÃO DE BRASÍLIA
Alexandre Nonato *et. al.*	ACOPLAMENTO ENERGÉTICO
Alexandre Nonato *et. al.*	INVERSÃO EXISTENCIAL
Aline Niemeyer	MEGAPENSENES TRIVOCABULARES DA INTERASSISTENCIALIDADE
Alzemiro Rufino de Matos	VIDA: OPORTUNIDADE DE APRENDER
Alzira Gesing	INTENÇÃO
Ana Seno	COMUNICAÇÃO EVOLUTIVA
Antonio Pitaguari / Marina Thomaz	REDAÇÃO E ESTILÍSTICA CONSCIENCIOLÓGICA
Arlindo Alcadipani	ITINERÁRIO EVOLUTIVO DE UM RECICLANTE
Bárbara Ceotto	DIÁRIO DE AUTOCURA
Cesar Machado	ANTIVITIMIZAÇÃO
	PROATIVIDADE EVOLUTIVA
Cesar Machado / Stéfani Sabetzki	HUMANIZAÇÃO PARAPSÍQUICA NA UTI
Cirleine Couto	CONTRAPONTOS DO PARAPSIQUISMO
	INTELIGÊNCIA EVOLUTIVA COTIDIANA
Dalva Morem	SEMPRE É TEMPO
Dayane Rossa	OPORTUNIDADE DE VIVER
Dulce Daou	AUTOCONSCIÊNCIA E MULTIDIMENSIONALIDADE
	VONTADE: CONSCIÊNCIA INTEIRA
Eduardo Martins	HIGIENE CONSCIENCIAL
Fernando R. Sivelli / Marineide C. Gregório	AUTOEXPERIMENTOGRAFIA PROJECIOLÓGICA
Flavia Rogick	MUDAR OU MUDAR
	CONSCIÊNCIA CENTRADA NA ASSISTÊNCIA
Flavio Amado	TEÁTICAS DA TENEPES
Flávio Buononato	ANUÁRIO DA CONSCIENCIOLOGIA 2012
	ANUÁRIO DA CONSCIENCIOLOGIA 2013
	FATOS E PARAFATOS DA COGNÓPOLIS FOZ DO IGUAÇU
Graça Razera	HIPERATIVIDADE EFICAZ
Guilherme Kunz	MANUAL DO MATERPENSENE

Jacqueline Nahas / Pedro Fernandes	*HOMO LEXICOGRAPHUS*
Jayme Pereira	BÁRBARAH VAI À ESTRELA
	PRINCÍPIOS DO ESTADO MUNDIAL COSMOÉTICO
João Aurélio / Kátia Arakaki	COGNÓPOLIS FOZ: UM LUGAR PARA SE VIVER
João Paulo Costa / Dayane Rossa	MANUAL DA CONSCIN-COBAIA
Jovilde Montagna	VIVÊNCIAS PARAPSÍQUICAS DE UMA PEDIATRA
Julieta Mendonça	MANUAL DO TEXTO DISSERTATIVO
Julio Almeida	QUALIFICAÇÕES DA CONSCIÊNCIA
	QUALIFICAÇÃO AUTORAL
Kátia Arakaki	ANTIBAGULHISMO ENERGÉTICO – MANUAL
	VIAGENS INTERNACIONAIS
Laura Sánchez	LASTANOSA: MEMÓRIA E HISTÓRIA DO INTELECTUAL E HOLOTECÁRIO DO SÉCULO XVII
Lilian Zolet	PARAPSIQUISMO NA INFÂNCIA
Lilian Zolet / Flávio Buononato	MANUAL DO *ACOPLAMENTARIUM*
Lilian Zolet / Guilherme Kunz	*ACOPLAMENTARIUM:* PRIMEIRA DÉCADA
Lourdes Pinheiro / Felipe Araújo	DICIONÁRIO DE VERBOS CONJUGADOS DA LÍNGUA PORTUGUESA
Luciana Lavôr (Org.)	NOITE DE GALA MNEMÔNICA
Luciano Vicenzi	CORAGEM PARA EVOLUIR
Lucy Lutfi	VOLTEI PARA CONTAR
Luiz Bonassi	PARADOXOS
Mabel Teles	PROFILAXIA DAS MANIPULAÇÕES CONSCIENCIAIS
	ZÉFIRO
Málu Balona	AUTOCURA ATRAVÉS DA RECONCILIAÇÃO
	SÍNDROME DO ESTRANGEIRO
Marcelo da Luz	ONDE A RELIGIÃO TERMINA?
Maria Thereza Lacerda	A PEDRA DO CAMINHO
Marina Thomaz / Antonio Pitaguari (Orgs.)	TENEPES: ASSISTÊNCIA INTERDIMENSIONAL LÚCIDA
Maximiliano Haymann	PRESCRIÇÕES PARA O AUTODESASSÉDIO
	SÍNDROME DO OSTRACISMO
Miguel Cirera	*EVOLUCIÓN DE LA INTELIGENCIA PARAPSÍQUICA*
Moacir Gonçalves / Rosemary Salles	DINÂMICAS PARAPSÍQUICAS
Osmar Ramos Filho	CRISTO ESPERA POR TI (Edição Comentada)
Phelipe Mansur	EMPREENDEDORISMO EVOLUTIVO
Reinalda Fritzen	CAMINHOS DE AUTOSSUPERAÇÃO

Roberto Leimig	VIDAS DE NATURALISTA
Rodrigo Medeiros	CLARIVIDÊNCIA
Rosa Nader	MANUAL DE VERBETOGRAFIA
Roseli Oliveira	DICIONÁRIO DE EUFEMISMOS DA LÍNGUA PORTUGUESA
Rosemary Salles	CONSCIÊNCIA EM REVOLUÇÃO
	CONCIENCIA EN REVOLUCIÓN
Sandra Tornieri	MAPEAMENTO DA SINALÉTICA ENERGÉTICA PARAPSÍQUICA
Silda Dries	TEORIA E PRÁTICA DA EXPERIÊNCIA FORA DO CORPO
Tatiana Lopes	DESENVOLVIMENTO DA PROJETABILIDADE LÚCIDA
Tathiana Mota	CURSO INTERMISSIVO
Tony Musskopf	AUTENTICIDADE CONSCIENCIAL
Vera Hoffmann	SEM MEDO DA MORTE
Vera Tanuri	PERDÃO
Wagner Alegretti	RETROCOGNIÇÕES
Waldo Vieira	500 VERBETÓGRAFOS DA ENCICLOPÉDIA DA CONSCIENCIOLOGIA
	700 EXPERIMENTOS DA CONSCIENCIOLOGIA
	DICIONÁRIO DE ARGUMENTOS DA CONSCIENCIOLOGIA
	DICIONÁRIO DE NEOLOGISMOS DA CONSCIENCIOLOGIA
	ENCICLOPÉDIA DA CONSCIENCIOLOGIA
	HOMO SAPIENS PACIFICUS
	HOMO SAPIENS REURBANISATUS
	LÉXICO DE ORTOPENSATAS
	MANUAL DA DUPLA EVOLUTIVA
	MANUAL DA PROÉXIS
	MANUAL DA TENEPES
	MANUAL DOS MEGAPENSENES TRIVOCABULARES
	NOSSA EVOLUÇÃO
	O QUE É A CONSCIENCIOLOGIA
	PROJECIOLOGIA
	PROJEÇÕES DA CONSCIÊNCIA

1. ÁREA DE PESQUISA:

ESTE LIVRO PESQUISA TEMAS DA

AUTODISCERNIMENTOLOGIA

ESPECIALIDADE DA CONSCIENCIOLOGIA.

2. PRINCÍPIO DA DESCRENÇA:

NÃO ACREDITE EM NADA, NEM MESMO
NAS INFORMAÇÕES EXPOSTAS NESTE LIVRO,
O INTELIGENTE É FAZER PESQUISAS
PESSOAIS SOBRE OS TEMAS.

EDITARES®

www.ingramcontent.com/pod-product-compliance
Ingram Content Group UK Ltd.
Pitfield, Milton Keynes, MK11 3LW, UK
UKHW040325300826
14791UKWH00003B/1116

9 788584 770854